KB273196

안 보이는 것을
껴안을 용기

DAYEONBOOK

안 보이는 것을
껴안을 용기

감정을 곁에 두는 법

나혼마 지음

다연
DAYEONBOOK

안 보이는 것을 껴안을 준비,
그것은 곧 용기다

우리는 으레 집 안이라서 혹은 짧은 거리라고 생각해서 불을 켜지 않은 채 다닌다. 이때, 분명 익숙한 공간인데도 어딘가에 부딪혀 주저 앉곤 한다. 우리가 살면서 마주치는 수많은 인간관계와 내 안의 복잡한 마음이 그 어둠 속 가구들과 같을 것이다. 이처럼 익숙하다고 생각하는 것들이 때로는 보이지 않는 곳에서 우리를 아프게 한다.

놀랍게도 우리는 눈에 보이는 것들에 대해서만 손쉽게 익숙하다고 결론 내린다. 그래서 명품 브랜드 같은 것들은 한눈에 알아차리면서도 자신의 진짜 감정은 잘 보지 못한다. 때로는 알면서도 편의에 맞게 외면해버리기도 한다. 이런 태도는 눈으로 볼 수 없는 나의 마음은 물론이고, 타인과의 관계 속에 숨겨진 무언가가 있음을 분명히 의미한다.

이 책은 바로 그런 '안 보이는 것'을 껴안기 위한 자기계발 심리서다. 머리로 알고만 있거나 마음으로 느끼는 것들에 관해 이야기한다. 즉, 안 보이지만 분명히 존재하는 무게와 안 보이기 때문에 더욱 두려운 그 무엇을 기꺼이 껴안을 용기에 관한 책이다.

또한 이 책은 단순히 자기계발서라고 해서 긍정의 마법을 주문처럼 외우도록 하거나, 모든 게 잘될 거라며 어설프게 위로하지 않는다. 그보다는 내 안의 작은 그림자와 인사하고, 관계 속 보이지 않는 심리를 건드리며, 외면했던 심리 커튼을 조심스레 열어보는 데 역점을 두었다. 이를 통해 익숙한 장면에서 낯섦을 발견하고, 이미 안다고 여겼던 것들을 다시 마주하여 잊었던 가치를 되새기는 데 방점을 찍었다.

아마도 당신이 무심코 넘겼던 감정 하나, 알면서도 피했던 진실 하나, 다시 꺼내봐야 했던 위로 하나를 차분히 대면하게 될 것이다. 그건 꽤 어색한 만남일 수도 있다. 하지만 바로 그 순간부터 보이지 않던 것을 껴안을 용기가 시작된다.

이 책을 읽는 동안, 어두운 집 안에서 가구에 부딪혀 아파했던 당신의 생각들이 조금씩 나아지면서 단단해질 것이다. 그리고 그때 비로소 감정은 극복해야 할 적이 아니라 곁에 둘 동반자임을 알게 될 것이다.

나혼마

CONTENTS

1 내 안의 그림자에게 인사하는 법 : 불편한 감정과 공존하는 첫걸음

2 관계 속, 보이지 않는 간격

: 사람 사이에 흐르는 감정의 틈 읽기

3 스스로 내린 심리 커튼

: 감정을 숨기며 살아온 나와 마주하는 법

4 익숙함 속에서 낯섦을 발견할 때

: 습관적인 인식과 감정에서 나오는 길

5 다시 찾을 때, 비로소 끄덕여지는 것 : 잊고 있던 것을 다시 만나는 순간

불을 켜지 않고도 집 안을 걷다

1

내 안의
그림자에게
인사하는 법

: 불편한 감정과
공존하는 첫걸음

어떤 짐승을
키우고 있나요?

사람의 마음속 농장에는 악의·이기심·비양심이라는 포악한 동물과 선의·희생·양심이라는 온순한 동물이 공존한다. 그래서 우리가 어떤 존재에게 관심이라는 먹이를 더 많이 주느냐에 따라 마음 농장의 풍경이 달라진다. 마치 정원사가 어떤 꽃에 물을 많이 주느냐에 따라 정원의 모습이 달라지는 것처럼.

'악의에 물을 주면 사막으로 변하고,
선의에 물을 주면 푸른 숲이 된다.'

모호크족(Mohawk, 북아메리카 인디언) 문화에서 기원한 유명한 이야기처럼, 인간은 마음속에 두 마리의 늑대를 키우고 있다. 한 마리는 '악(惡)', 다른 한 마리는 '선(善)'이다. 이 두 마리 늑대는 평생을 싸우며 살아간다. 결국, 우리가 어느 늑대에게 더 많은 먹이를 주느냐에 따라 승리하는 늑대가 결정된다.

여기서 한 걸음 더 나아가 우리가 갖춰야 할 점은 늑대를 다스리는 지혜다. 마치 늑대와 양을 함께 키우던 농부의 이야기처럼.

어느 날, 늑대가 농부의 관심을 독차지하기 위해서 어린양을 잡아먹으려 했다. 그때 농부는 늑대에게 단호히 말했다. "네가 만약 어린양을 잡아먹는다면 너는 나의 적이 될 것이고, 살려준다면 나는 너의 친구기 될 것이다"라고. 늑대는 잠시 망실이다가 어린양을 놓아주었나.

이 이야기처럼 우리 마음속에는 늑대와 양은 물론, 이들을 조련하는 농부 또한 분명히 존재한다는 것을 잊어서는 안 된다.

불청객을 대접하는
이상한 습관

고민과 걱정은 초대장 없이 들이닥치는 불청객일 뿐, 극진히 모셔야 할 VIP가 아니다. 그들을 대접하려고 일부러 시간을 비워둔 것이 아니라면, 굳이 매일 밤 열리는 생각 파티에 초대하여 샴페인 대신 눈물을 마실 필요는 없다.

'생각 파티에 고민과 걱정을 앉히면,
웃음 대신 한숨이 건배사가 된다.'

세상에 고민과 만나려고 일부러 약속 잡는 사람은 없다. 마찬가지로 고민이나 걱정과 약속한 것도 아닌데 굳이 머릿속을 복잡하게 만드는 것은 원치 않는 소개팅에 나가서 소중한 시간을 낭비하는 것과 다를 바 없다.

게다가 고민과 걱정은 껌처럼 끈적하게 달라붙어 잘 떨어지지도 않는다. 심지어 컴퓨터 바이러스처럼 머릿속에 빠르게 퍼져 정신을 점령하고, 몸까지 망가뜨려 일상을 뒤흔든다.

그러니까 이제부터라도 잠자리에 들기 전, 침대에서 열리는 생각 파티는 아예 시작하지도 말자. 그렇지 않으면 수면 시간 단축이라는 비싼 입장료를 치러야 할 것이다.

이해라는이름의
굴종

지배당하면서도 지배자를 이해하고 극복하겠다며 버티는 행위는 자신의 비참함을 위로하는 잔혹한 자기기만일 뿐이다. 이는 곧 마음의 인질극에 동조하겠다는 선언이자 명백한 셀프 가스라이팅이다. 결국 폭력을 정당화하고 납득할수록 자존감은 사라진다는 것을 알아야 한다.

'독이 든 물은 마시면서 분석하는 게 아니라,
그저 잔을 내려놓아야 한다.'

복잡하고 다양한 인간관계 속에서 우리는 종종 자신을 지배하는 이의 마음을 읽으려 애쓴다. 하지만 이는 마치 뱀에게 잡아먹히면서 뱀의 소화 과정을 연구하는 것과 같다.

다시 말해 지배적인 관계는 굳이 이해하려고 애쓸 문제도, 스스로를 다독이며 넘길 문제도 아니다. 오직 그 관계에서 탈출할 길만을 찾아야 한다. 지배당하는 줄 알면서도 지배자의 트라우마까지 감싸안는 행위는 자기연민으로 포장된 합리화를 넘어선 셀프 사기극에 불과하다.

지배하고 지배당하는 인간관계는 새로운 패러다임도, 새로운 트렌드도 아니다. 그러니 자신에게만큼은 "나는 안 괜찮아"라고 말할 자유가 있음을 잊어서는 안 된다. 또한 지배적인 구조를 이해하며 받아들이려는 이상한 생각의 늪 속에서 '나는 착해'라는 동아줄에만 매달리는 것은 착함을 핑계로 두려움에 스스로 간히는 자기 억압임을 명심해야 한다.

악마가 가장 좋아하는 별미는 작은 이득에 눈이 멀어 분별력 없이 덤벼드는 인간의 천박한 탐욕이다. 그러므로 인간은 치밀하게 짜인 유혹의 그물망이 덮치더라도 바람처럼 지나칠 줄 아는 초연한 지혜를 가져야 한다.

'탐욕은 미끼를 먹이로,
함정을 기회로 착각하게 만든다.'

부러질 듯 가느다란 가지 끝에 매달린 열매 하나. 그것을 따기 위해 위험을 무릅쓰고 높디높은 나무를 오르는 모습은 인간의 탐욕이 무엇인지 알 수 있게 한다. 우리는 이걸 목표를 향한 집념이라 부르며 자신을 속인다. 하지만 실상은 자신을 벼랑 끝으로 내모는 맹목적인 질주일 뿐이다.

작은 이익에 눈이 멀어 클릭하는 순간 개인정보만 털려 손해만 남는 일처럼, 악마의 유혹은 우리의 어리석은 선택을 기다리는 중이다. 마치 할인 쿠폰에 홀려 필요 없는 물건을 사는 것처럼, 눈앞의 작은 이득에 집착하면 결국 더 큰 대가를 치르게 된다.

진정한 지혜란 단순히 상황을 판단하는 능력이 아니라, 욕심의 덫을 미리 알아채고 그 탐욕의 꿀물을 무시할 줄 아는 냉정함에 있다. 즉, 충동구매의 유혹을 이겨내는 용기야말로 초연한 지혜의 시작이다.

과거로부터
해방되는 기술

잘났든 못났든, 돈이 많든 적든, 남녀노소 누구에게나 따라붙는 스토커가 있다. 그 스토커의 이름은 바로 과거다. 과거라는 스토커에게 괴롭힘을 당하고 있다면, 현재라는 보디가드를 곁에 두고 미래라는 경찰에게 도움을 청하는 것이 답이다.

'과거는 추억일 때까지만 친구이고,
집착이 시작되면 스토커로 변한다.'

아무리 옷을 갈아입고 다른 표정을 지어도, 과거가 스토커라는 사실은 틀림이 없다. 문제는 대부분의 사람이 그 스토커를 떨쳐내기보다 오히려 그와 함께 커피를 마시며 추억을 분석하면서 스스로 불안과 후회를 키운다는 점이다.

과거에 매여 사는 건 헤어진 연인의 연락에 사사건건 응대하는 것과 다르지 않다. 불쑥불쑥 나타나 현재의 발목을 잡는 과거에 자꾸 대답하다 보면, 결국 현재는 외로워지고 미래라는 중요한 약속은 취소되고 만다.

그렇다면 이 악순환의 해결책은 무엇일까? 의외로 간단하다. 과거라는 스토커가 괴롭히기 시작하면, 현재라는 보디가드의 팔짱부터 끼면 된다. 그러면 과거가 말을 걸 때마다 현재가 "지금은 바빠"라고 당당히 거절할 것이다. 그리고 미래에게 "이제 나 좀 지켜줘"라고 요청하자. 그러면 미래라는 새로운 만남을 기대하는 순간부터 과거의 집착이 얼마나 하찮은지 비로소 알게 된다.

우리 인생은 뒤를 돌아보는 드라마가 아니라 앞으로 나아가는 생방송이며, 그 생방송을 진행하는 것이 바로 해방의 기술임을 알아야 한다.

이겨낼 필요가
없는 것

자꾸 불안감이 엄습한다면 삼십육계(三十六計) 중 가장 마지막 계책인 주위상(走爲上, 승산이 전혀 없을 때 전군을 물려 적을 피하는 것을 의미한다)을 실천하자. 이는 꽁무니를 빼며 똥줄 빠지게 도망가라는 의미가 아니다. 이는 혼자 불안에 휩쓸리지 않도록 몸을 움직이거나 잠시 눈을 붙여 불안한 생각의 소용돌이에서 빠져나오게 하는 지혜로운 퇴각이다.

'불안에게 기습당했다면 뛰지 말고,
조용히 자리를 옮기는 것이 용기다.'

정전된 밤에 문을 두드리는 소리, 불안은 그 순간 뛰는 심장과 같다. 이때 필요한 것은 겁에 질린 채로 맞설 용기가 아니라, 차분하게 불을 켜고 방을 옮겨가며 걷는 것이다. 이것이 바로 삼십육계 주위상이 말하는 지혜로운 자리 이동이다.

다시 말해, 불안이라는 괴물이 나를 잡아먹기 전에 몸을 움직이거나 잠깐 눈을 붙이는 것만으로도 생각의 굴레는 느슨해지면서 불안은 제 무게에 눌려 사라진다. 그러므로 도망은 비겁함이 아니라 정신의 환기다.

갑자기 불안이 밀려왔을 때, 가만히 핸드폰을 쥐고 부정적인 뉴스를 읽는 건 불안과 춤추는 것과 같다. 반면, 잠깐 산책을 하거나 차 한 잔을 내리면 뇌의 긴장 회로가 끊기면서 마음이 진정된다. 업무 압박으로 머리가 복잡할 때도 억지로 생각을 정리하려 애쓰기보다 잠시 눈을 붙이면 깨어날 때 명쾌한 해답이 떠오른다. 즉, 불안에도 맞서야 할 때와 비켜야 할 때가 있다는 의미다.

불안이 몰려올 때 무조건 맞서 싸우려는 행위는 나를 향해 달려드는 호랑이를 대적하는 것과 같다. 그러나 잠시 물러나 몸과 마음을 환기한 후 다가가면, 그 호랑이의 정체가 종이였음을 알게 된다.

현명한 사람은 알고 있다. 불안을 억지로 이겨내려는 건 손으로 폭포수를 막는 짓이라는 것을.

인생은 결코 화려한 결과물이나 위대한 승리로 평가되는 것이 아니다. 오히려 하루에도 몇 번씩 찾아오는 감정 충격을 시작으로 삶의 포기를 유혹하는 초인종 소리를 무시할 줄 아는 내공으로 평가된다.

"인생에서의 승리는 'bell of shame(굴욕의 종)'이라 불리는 'quit bell(미 해병대 훈련에서 포기를 선언할 때 치는 종)'을 무시한 횟수로 완성된다."

삶은 트로피처럼 화려한 승리로 평가되지 않는다. 진정한 승자는 감정의 롤러코스터에서 내리지 않고 끝까지 버텨내는 사람이다. '잘 사는 인생'이라는 버튼은 항상 포기 버튼 바로 옆에 있다. 다만, 챔피언은 그 버튼을 보지 않기 위해 끈기라는 뚜껑으로 덮어두었을 뿐이다.

진정한 삶의 완성은 결승선을 끊는 찰나가 아니라, 옆구리가 결리고 숨이 턱까지 차올라도 '그만둘까?'라는 내면의 속삭임을 외면하고 한 걸음 더 내딛는 순간들로 완성된다.

일상에서 포기는 택배 기사처럼 하루에도 여러 번 문 앞에서 초인종을 누른다. "오늘 많이 힘들죠? 그럴 줄 알고 편하게 쉴 수 있도록 포기를 가져왔어요"라면서. 하지만 승리자들은 알고 있다. 문만 열어주지 않으면 배송은 결코 완료될 수 없다는 것을. 그러므로 승자는 화려한 트로피를 거머쥔 사람이 아니라, 하루 종일 울리는 초인종을 무시하고 자기 할 일을 묵묵히 해낸 사람이다.

매일 찾아오는 절망 속에서도 순간순간을 뚫고 걸어가다 보면, 비로소 자신의 회복력이 얼마나 빛나는지 깨닫게 된다. 이것이 외부의 평가가 아닌 자신에게 인정받는 진정한 자존감이다.

상처를 다루는
3가지 방법

잊히지 않는 과거의 상처에 대해 사람이 선택할 방법은 세 가지다. 하나는 세월의 붓으로 상처를 덧칠해서 흐릿하게 덮는 방법이고, 또 하나는 현실의 거친 바다에서 목표만을 향해 전투 수영을 하는 것이다. 마지막 하나는 생이 끝나는 순간까지 피 흘리는 상처를 계속 후벼파며 자신을 파괴하는 것이다.

'과거는 지우는 게 아니라, 다루는 것이다.'

발을 아프게 하는 낡은 신발을 신고 계속 걷는 것은 스스로 고통을 선택하는 행위에 불과하다. 그 신발을 수선하거나 새 신발로 갈아 신으면 될 일인데, 그렇게 하지 않으니까 말이다. 즉, 낡은 신발을 고집하며 걷는 행위는 피할 수 있는 고통을 굳이 감내하는 어리석음과 같다.

마음의 상처를 다루는 방식도 이와 다르지 않다. 예컨대 지난날 사람에게 배신당한 기억이 있다고 하자. 이때, 우리는 고통을 선택할지 치유를 선택할지 극명하게 드러난다.

어떤 이는 그 기억을 마음속 깊이 묻고, 새로운 인간관계를 통해 서서히 잊는다. 또 어떤 이는 그 상처를 동력 삼아 더 나은 인간관계를 만들고 성공적인 커리어를 쌓으며 나아간다. 반면, 또 다른 어떤 이는 그 일을 계속 곱씹으며 "난 사람을 믿지 않아"리면서 모든 관계를 차단하며 스스로를 고립시킨다. 이처럼 같은 상처라도 선택에 따라 삶의 방향은 완전히 달라진다.

어떤 길을 택할지는 온전히 본인의 몫이다. 분명히 기억해야 할 것은 치유와 집착 모두 같은 아픔에서 시작된다는 사실이다. 그리고 진정한 치유는 자연스러운 흐름 속에서 오는 반면, 고통은 후벼 파는 손끝에서 시작된다.

세상에서 가장 지독한 '갑질러'의 성은 돈이고, 이름은 욕심이다. 그 돈 욕심이라는 놈이 우리에게 휘두르는 최악의 횡포는 바로 돈 걱정이다. 우리는 이 사실을 알면서도 수시로 돈을 주인처럼 떠받들며 스스로 하인처럼 굴복한다.

**'돈은 필요한 것보다 내가 원하는 것이 생겼을 때,
그 본색을 드러낸다.'**

　돈이라는 왕 앞에서 신하가 될지, 아니면 내가 왕이 되어 돈을 신하처럼 부릴지 판단하는 방법은 생각보다 간단하다. 그것은 바로 욕심이라는 녀석의 민낯을 빨리 알아채는 것이다.

　무조건 예쁜 것만 쫓기보다 그것이 쓸모 있는지를 먼저 보고, 멋진 것만 쫓기보다 과연 대체 불가능할 정도의 필요성이 있는지를 고민해야 한다. 나아가 편리함만 생각하기보다 효용 가치를 따지는 냉정한 마음가짐과 눈썰미를 갖추려 애써야 한다.

무엇보다 명심해야 할 점은 '뫼비우스의 띠(기다란 직사각형 종이를 한 번 비틀어 양쪽 끝을 맞붙여서 이루어지는 도형)'와 같은 것이 돈 걱정이라는 사실이다. 돈이란 쫓을수록 걱정을 더욱 크게 불려 숨을 못 쉬게 만든다. 이는 단순히 돈이 부족해서가 아니라, 만족이 부족해서 느끼는 괴로움이다. 다시 말해, 돈이라는 외부 요인의 갑질이 아니라 내면의 욕심이 진짜 갑질을 시작했음을 말해준다.

스스로 필요와 욕심의 경계를 자각하는 순간, 돈은 더 이상 우리에게 갑질을 할 수 없게 된다. 이는 돈의 약점이 아니라, 욕심의 약점을 아는 것이 가장 중요하다는 뜻이다.

완벽은 불완전함 속에서 조화와 어울림을 추구하는 힘이지만, 집착은 오차조차 증오하는 불완전함 속에 자신을 가두는 행위다. 그래서 완벽은 좋은 그림을 그리려고 창조하지만, 집착은 삐뚤어진 점 하나 때문에 캔버스를 찢어버린다. 그럼에도 집착은 완벽의 또 다른 이름이기도 하다.

'완벽은 길을 닦지만, 집착은 그 길에 함정을 판다.'

　명장이 옥을 다듬듯, 완벽을 추구하는 과정은 분명 중요하다. 하지만 과도한 완벽주의는 칼날처럼 날카로워져 오히려 그 옥을 깨뜨리고 만다.

　지나친 완벽주의는 바늘 하나에 꽂혀 코끼리를 놓치는 것과 같으며, 한 방울의 잉크를 지우려다 종이 전체를 얼룩지게 만드는 것과 다르지 않다. 나아가 이러한 강박적 완벽주의는 무결점의 결과를 내기 위해 행동까지 마비시켜 시작조차 하지 못하게 하는 족쇄가 되기도 한다.

그러므로 완벽주의에서 가장 필요한 것은 균형이다. 스스로를 옥죄는 집착이 아니라 이상적인 완벽을 지향하되, 전체적인 조화를 잃지 않는 유연한 사고가 뒷받침되어야 한다.

피클 한 조각이 빠졌다고 햄버거를 몽땅 버릴 필요는 없듯, 진짜 완벽은 너그러움에서 시작된다. 완벽을 추구하는 이는 조율을 생각하지만, 집착하는 이는 오차에만 매달린다. 또한 완벽을 추구하는 이는 작은 결함을 재미로 삼지만, 집착하는 이는 그 결함에만 시야를 빼앗긴다.

요컨대 '완벽은 작은 것에서 시작되는 것이 맞지만, 결코 작은 것에 매몰되어서는 안 된다'라는 점을 항상 염두에 두어야 한다.

손해를
감수한다는 것

손해를 감수하는 것은 마치 면도날을 삼키는 것처럼 고통스럽고 위험하다. 하지만 때로는 상대를 제압하는 결정적인 무기가 되기도 한다. 실제로 이런 효용성은 가장 크고 탐스러운 나무 한 그루를 잘라냈을 때, 잔디밭 전체에 햇빛이 쏟아지는 것으로 증명된다.

'전략적 손해는 더 큰 승리의 씨앗이지만,
전략 없는 희생은 단순한 손실일 뿐이다.'

정말로 빼앗길 수 없는 것을 지키는 방법은, 역설적으로 그것을 버리는 데 있다. 독수리가 더 높이 날기 위해 먹이를 놓거나 등반가가 산을 오르기 위해 짐을 덜어내는 것처럼.

이런 손해 감수는 단순한 희생이 아니다. 잘 익은 사과를 따기 위해 가지를 치는 농부의 결단과 같다. 가지를 자르는 일시적 희생이 더 많은 열매를 맺게 하기 때문이다. 그래서 현재의 불편함은 미래의 편안함을 위한 설계도인 셈이다.

한 예로, 10년 동안 함께한 직원이 회사 분위기를 망치고 있었다. 사장은 정 때문에 그를 내보내지 못했지만, 결국 유능한 직원 셋이 퇴사하자 결단했다. 단기적으로 퇴직금과 업무 공백의 손실이 컸지만, 6개월 뒤 회사 분위기는 완전히 달라졌다. 떠났던 직원들이 복귀하고 새로운 인재들이 들어오면서 매출이 크게 늘었다. 큰 나무 한 그루를 베어 햇빛이 들게 한 것처럼, 손해를 감수한 용기가 더 큰 이익을 불러온 것이다.

이런 역설적 이득은 예상치 못한 순간에도 차분함과 냉정함을 잃지 않는 결단력에서 비롯된다. 기회는 과감함에서 오고, 비참함은 머뭇거림에서 온다.

약점을 무기로
만드는 법

인생을 살다 보면 촘촘하게 관계의 줄을 치는 거미 같은 사람을 만날 때가 있다. 이들은 교묘하게 약점을 파고들어 슬그머니 독 사과를 건넨 후 자신의 추악한 일들을 대신하도록 강제하거나 구슬린다. 이때 그들의 노예가 되지 않으려면, 자신의 약점을 사람들 앞에서 서슴없이 공개하면 된다.

'약점은 감추면 독이 되고, 드러내면 백신이 된다.'

세상을 맹수가 우글거리는 정글이라고 비유하는 이유는 평범한 사람들의 약점을 이용해 자신의 음흉한 목적을 달성하는 교활한 능력자들이 활개치기 때문이다. 그들은 휘청거리는 당나귀 등에 짐을 더 신듯 타인의 고통을 이용한다.

이 교활한 자들은 먹잇감의 취약점을 포착한 뒤, 타인의 비밀을 지렛대로 삼는다. 그들에게 조종당하는 시작점은 당신이 머뭇거리며 침묵을 선택한 그 순간부터일 수 있다. 우리가 두려워해야 할 것은 우리 자신의 약점이 아니라, 그 약점을 비밀로 만들려는 마음 자체다.

이런 문제에 대한 가장 현명한 대처법은 자신의 약점을 만천하에 드러내 그 힘을 없애버리는 것이다. 예컨대 직장 동료가 나의 실수를 집요하게 파고들어 조종하려 할 때, 내가 먼저 "저는 그런 부분을 잘 못해요. 그래서 요즘 열심히 배우고 있어요"라고 오픈하는 순간 상대는 더 이상 내 실수를 무기로 삼지 못한다.

이처럼 약점을 스스로 투명하게 공개하면 조종자가 이용할 지렛대는 부러지고, 협박은 설 자리를 잃게 된다.

자신이 내린 결정으로 생긴 후회와 무력감을 감추고자 가장 가까운 이에게 짜증과 화를 내는 것은 무력감을 가리는 변장술에 불과하다. 또한 책임을 전가하는 것은 나약함을 감추려는 위장술이며, 문제 상황을 회피하는 것은 무책임으로부터 도망치려는 도피술에 지나지 않는다.

'후회는 가면을 씌우지만,
책임질 용기는 가면을 벗긴다.'

　자신의 잘못된 선택으로 씁쓸한 후회와 고통이 찾아올 때, 우리는 그 고통을 감추기 위해 가장 소중한 이에게 이유 없는 짜증이나 신경질을 부리곤 한다. 그런데 이런 어처구니없는 행동은 자기 내면의 고통을 가장 가까운 사람에게 전가하는 이기적인 행위에 지나지 않는다.

　더욱 근본적인 문제는 화풀이 행동의 기저에 깔린 책임 전가 심리다. 즉, 나약함을 숨기기 위해 자신의 잘못을 애써 외부 탓으로 돌리는 것을 말한다. 이는 경기에서 패배한 선수가 자신의 실수를 인정하지 않고 팀원이나 심판에게 불만을 쏟아내거나 혹은 집에 돌아와 가족에게 화풀이하는 것과 같다. 이런 미성숙하고 비겁한 언행은 문제를 해결하기 위한 시도가 아니라, 단기적으로 불편한 상황을 모면하려는 시도에 불과하다.

이보다 더 심각한 문제는 무책임함이다. 문제 상황 자체를 외면하고 회피하는 것인데, 이는 위험에 처했을 때 모래 속에 머리를 박는 타조처럼 현실을 부정하는 전형적인 회피 행위다. 성찰 없는 도피는 잠깐의 심리적 안정은 줄지 몰라도 결국 관계를 파괴하고 근본적인 문제를 걷잡을 수 없이 크게 만든다.

지금껏 살펴본 분노 표출, 책임 전가 그리고 회피라는 일련의 무책임한 행동에 대한 진정한 해결책은 오직 단 하나, 결과에 책임을 지려는 마음가짐과 솔직한 감정을 드러내려는 용기뿐이다.

상대를 비꼬려는 부정적인 감정은 두꺼운 화장을 뚫고 기어이 올라오는 뾰루지와 같다. 아무리 매너와 미소라는 파운데이션을 덧바를지라도 그 말끝에 숨겨진 감정 본색은 결국 드러나기 마련이다.

'웃으면서 말하는 비꼼은 진심 없는 위선이다.'

우리는 종종 쿨한 척하며 분노와 질투를 숨기기 위해서 포커페이스를 유지하려 애쓴다. 이는 마치 뾰루지를 가리려고 컨실러와 파운데이션을 몇 겹씩 덧바르는 것과 같다.

그러나 감정의 속성은 숨길 수 없다. 상대를 비꼬려는 부정적인 감정은 두꺼운 화장을 뚫고 올라오는 뾰루지처럼, 아무리 재치 언변으로 덮으려 해도 결국 물속 부유물처럼 떠오른다.

예컨대 회사 동료가 까다로운 발표를 무사히 마쳤을 때 "오, 생각보다 잘했네?"라고 말한다면, 겉으론 칭찬 같지만 '생각보다'라는 말의 비꼼은 누구나 알아챈다. 결국 그 동료는 말속의 단어보다 비꼬는 감정을 오래 기억하게 된다.

따라서 할 말이 있다면 감정을 억누르기보다 솔직하게 표현하는 편이 낫다. 처음에는 어색할지라도 흙탕물이 섬차 가라앉듯 관계는 서서히 맑아지기 때문이다. 물론, 솔직함이 관계의 끝을 가져올 수도 있다. 하지만 이는 미련 없이 마음을 정리하고 새로운 인연을 도모할 기회가 된다는 점에서 의미가 있다. 단, 여기서 말하는 솔직함은 무례함이나 불손함과는 분명히 다르다.

표현하지 않은 감정은 팔레트에 덜어놓고 사용하지 않은 물감과 같다. 시간이라는 바람 앞에서 물감은 서서히 마르고 색은 어느새 흐릿한 자국으로 변한다. 그래서 때를 잃은 감정은 시간이 지날수록 아쉬움이라는 색깔에서 후회라는 색깔로 퇴색되는 것이다.

'참아낸 감정은 인내가 아니라, 곰팡이다.'

냉장고에 넣어둔 신선한 딸기를 꺼내 먹지 않으면 며칠 뒤 물러지고 곰팡이가 피듯, 사람의 마음도 표현해야 할 때 삼키다 보면 생생한 감정의 맛과 깊이가 사라질 뿐만 아니라 그 힘조차 약해진다. 이는 마치 유통기한이 지난 마요네즈가 샐러드를 빛내줄 고소한 맛은 잃고 시큼한 맛만 남은 것과 같다.

이런 적시성의 중요성은 일상생활 속 감사와 사랑의 표현에서 더 중요하게 와닿는다. 예컨대 동료가 나 대신 야근을 한다면 "다음에 밥 살게!"라고 말하기보다 그날 바로 감사 메모와 커피 쿠폰 등으로 고마운 마음을 표해야 한다. 마찬가지로 자신의 아이를 대신 병원에 데려가 준 선생님이 계신 것을 알게 되었다면 그 즉시 전화로라도 "너무 고마워요"라고 말씀드려야 한다. 이처럼 즉각적으로 표현해야 하는 이유는 담긴 의미가 아무리 좋아도 하루가 지나면 말의 힘이 절반으로 줄어들기 때문이다.

때를 놓친 감정은 아무리 절실하더라도 이미 골든타임을 놓쳤기 때문에 그 순간의 신선하고 선명한 감정은 사라진 뒤일 뿐이다. 그래서 감정은 묵히면 탁해지고, 굳으면 상대에게 온전히 전달되지 않는 것이다.

'버틴다'의
진짜 의미

갑자기 밀려든 먹구름이 별빛조차 없는 칠흑을 만들고, 두려움이 절망의 팔을 어깨에 두른 후 입속에 겁을 밀어 넣을 때가 있다. 이럴 때 우리가 말하는 '버틴다'는 것은 시간이라는 바람이 먹구름을 걷어낼 때까지 인내하며 기다린다는 의미를 넘어, 언젠가에서 조만간이라는 가능성을 품으라는 메시지다.

'버틴다는 것은 무기력한 참음이 아니라,
결국 다 지나갈 것을 아는 통찰이다.'

살다 보면 그런 날이 있다. 분명 어제까진 별과 달이 보이던 밤하늘이었는데, 갑자기 새까만 먹구름이 몰려와 눈앞을 완전히 가려버리는 그런 날. 손전등도 없고 길을 알려줄 내비게이션까지 먹통이 되어 주저앉고 싶을 때, 바로 그때 필요한 것이 인내심과 믿음이 결합한 '버틴다'이다.

물론 버틴다는 것이 영화 주인공처럼 초인적인 힘을 발휘해 순식간에 먹구름을 걷어내는 마법 같은 행동을 말하는 건 아니다. 버틴다는 것은 대단한 노력을 하는 대신, 시간이라는 바람이 불어와 천천히 먹구름을 걷어낼 때 그 어둠 속에서 주저앉지 않고 두 발로 서서 기다리는 용기를 의미한다.

즉, 오늘의 질망이 내일의 웃음거리로 바뀔 때까지 할 수 있는 것을 하며 시간을 보내는 것이다. 이는 노력할 용기와 신념을 필요로 한다. 참아야 할 것은 인생 전체가 아니라, 바로 지금 이 순간뿐이다.

요컨대 버틴다는 것은 먹구름의 퇴장 시간을 믿는 용기이자 희망의 또 다른 이름이다.

기대에 짓눌린 삶

누군가의 자랑으로 살아가려면 불면증을 비타민처럼 여겨야 하며, 잘 참기 올림픽에서는 금메달도 따야 한다. 또한 미소는 귀걸이처럼 항상 달고 다녀야 하며, 긴장은 늘 무음으로 설정해서 품고 다녀야 한다. 이렇게까지 해야 하는 이유는 뭐든 잘하는 척, 괜찮은 척, 착한 척, 욕심 없는 척해야 하기 때문이다.

**'누군가의 자랑으로 산다는 것은
일부 인생만 보여주는 인스타그램과 같다.'**

종종 우리는 누군가의 자랑이 되는 삶을 스스로 선택하곤 한다. 친구의 자랑, 배우자의 자랑, 부모님의 자랑처럼. 어깨를 으쓱하게 만드는 그 한마디에 취해, 우리는 그 기대에 부응하려고 24시간 광고판처럼 자신을 빛내려 애쓴다.

그 결과, 어느새 자신의 삶은 버튼만 누르면 "괜찮아요", "문제없어요”, “다 잘하고 있어요”와 같은 대사만 반복하는 자동 응답기가 된다. 그렇게 그들에게 불면증은 휴대폰처럼 항상 곁에 있고, 인내는 배터리처럼 빠르게 소모된다.

그리고 웃음은 명품 가방처럼 화려해 보이지만, 그 안에는 지친 마음이 구겨진 채로 숨겨져 있다. 누군가의 기대에 부응하는 삶은 무거운 짐을 지고 산을 오르는 것과 같아서, 겉으로는 힘차게 나아가는 것 같지만 실상은 짓무른 발 때문에 숨겨진 고통이 가득하다.

이런 관점에서 볼 때, 주변 사람들 앞에서 공공연히 칭찬을 자주 하는 건 상대의 의향도 묻지 않은 채 언제 터질지 모르는 폭탄을 선물하는 것과 다를 바 없다.

사랑을 빙자한
자존심 테스트

거리에서 스친 한 사람 때문에 괜스레 가슴이 쿵 떨어졌다면, 그것은 사랑의 잔재가 아니라 내 자존심이 울린 경고음이다. 다시 말해, 갑자기 심장이 요동치는 것은 실연의 애달픔이 아니라 '내가 이 정도밖에 안 됐나?' 하는 짜릿한 억울함이다.

**'그리움은 우연한 만남을 가장해 우리를 흔든 후
자존심을 무릎 꿇게 만든다.'**

길을 가다 과거의 인연과 스치는 순간, 심장이 요동치고 얼굴이 붉어지는 것은 사랑이 남아서가 아니라 과거를 완전히 비워내지 못한 자존심의 작용이다. 즉, 사랑이 아닌 자존심의 허기가 먼저 반응한 것이다.

헤어진 연인을 거리에서 마주쳤는데, 그 사람이 나를 못 본 척하며 지나갔다고 가정해보자. 그 순간 가슴이 철렁하고 괜히 화가 나거나 억울한 감정이 올라온다면, 그것은 아직 그 사람을 사랑해서가 아니다. 오히려 '이게 나를 흔들 만큼 대단한 일이었나?'와 같은 자존심의 반응이다. 나아가 '내가 이런 걸로 흔들릴 사람이었나?' 또는 '내 급이 고작 이거였어?'처럼 자신의 가치에 대한 갑작스러운 깨달음이다. 이처럼 감정의 본질을 착각하면, 마음은 사랑을 가장하여 상처 입은 자존심을 회복하려는 방어 기제를 발동시켜 심장을 뛰게 한다.

결국, 그 사람이길 바란 게 아니라 끝난 사랑에 자존심을 인정받고 싶은 욕구일 수 있다. 이 모든 동요는 미련과는 다른 억울한 마음에 동요되어 실루엣만으로도 심장이 잠깐 놀란 일시적 반응에 불과하다.

통제의 얼굴을 한
불안

사람들은 불안을 잠재우기 위해 차분함이라는 탈을 쓴다. 그러고는 통제라는 몽둥이를 휘두르며 타인에게 명령하는 방식으로 자신의 불안을 해소하려 한다. 이와 달리, 진정한 차분함은 타인을 통제하는 게 아니라 그 탈을 벗고 원탁에 기꺼이 앉는 것이다.

'불안은 통제를 갈구하고,
차분함은 공감을 갈망한다.'

불안은 까다로운 손님과 같아서, 예고도 없이 불쑥 찾아와 온갖 신경을 긁어대며 우리의 마음을 들쑤신다. 그럴 때마다 우리는 이 감당하기 힘든 손님 앞에서 차분함이라는 정장을 차려입고 호텔 지배인처럼 말하고 행동한다.

그러면서 불안을 쫓아낼 요량으로 "넌 이렇게 해!", "넌 또 왜 그렇게 했어?"라고 소리치며 애먼 사람들에게 명령하며 다그친다. 심지어 애꿎은 물건들을 이용해서 불안을 해소하기도 한다. 가령 TV 리모컨을 쥐고 채널을 계속 바꾸거나 엘리베이터 버튼을 다급하게 여러 번 누르는 것처럼.

불안을 다스리지 못하는 이들의 가짜 침착은 겉으로 봤을 때 감정을 뺀 차분함으로 보이지만, 사실 뾰족한 화살과 다르지 않다.

자신의 불안을 해소하기 위해서는 가장 먼저 타인을 통제하는 습관부터 멈춰야 한다. 그리고 그 에너지는 불안이 지나갈 때까지 자신을 이해하고 돌보는 데 써야 한다. 이런 노력을 하지 않는다면, 결국 자신의 안녕을 위해 쌓아 올린 방호벽은 어느새 외로움이라는 감옥으로 변하게 될 것이다.

스트레스의 날개를
꺾는 방법

집요하게 날 괴롭히던 모기를 단번에 잡았을 때, 짜릿하게 밀려오는 카타르시스는 일상의 고단함을 잠시나마 잊게 만든다. 마찬가지로 끝없이 윙윙거리며 나의 에너지를 빨아먹는 스트레스 또한 결정적인 순간이 왔을 때, 과감하게 끝을 봐야만 평온을 누릴 수 있다.

'스트레스는 집중이라는 눈으로 노려보다가
전념의 손바닥으로 일격을 가하는 순발력 테스트다.'

캔버스 위에 실수로 튄 물감을 조화롭게 수정했을 때 느끼는 뿌듯함과 차 안을 날아다니던 딱정벌레를 살생하지 않고 창밖으로 내보냈을 때의 흐뭇함은 본질적으로 같은 결의 감정이다. 그것은 거센 파도 속에서도 잔잔한 수면을 찾아내는 집중력이 가져다준 평안이자 안도이다.

밀린 설거지를 며칠 방치하다가 어느 날 집중해서 한 번에 다 씻어 낼 때의 시원함 또는 계속 미루던 이메일들을 읽고 답장하며 정리했을 때의 후련함 혹은 신경 쓰이던 자잘한 업무를 한꺼번에 완료했을 때의 통쾌함과 같은 감정들은 집중력을 이용하여 단번에 해결했을 때의 짜릿함을 보여주는 실제 사례들이다.

일상의 잦은 스트레스 때문에 고단함이 쌓였다면, 성가신 모기를 삽을 때처럼 외면하지 말고 목표에 전념해서 분투해야 한다. 역설적일 수 있겠으나 문제에 집중적으로 에너지를 투입하는 전념이야말로 스트레스 해소의 강력한 힘이자 문제를 해결하게 만드는 좋은 방법이다.

검은희망

살다 보면 '조금만 더'라는 말이 우리를 유혹할 때가 있다. 마치 조금만 더 버티면 이룰 것 같거나 조금만 더 내디디면 손에 잡힐 것처럼. 그러나 그 말은 희망으로 포장된 함정이자 미끼처럼 우리를 옭아매는 덫에 불과하다. 이때 필요한 것은 끈기가 아니라 "포기도 기회다"라고 외칠 용기다.

'더 멀리 나아가기 위한 포기는
포기하지 않기 위해 선택한 용기 있는 결단이다.'

무모해 보여도 덤비는 도전이 멋지듯, 전략적인 철수 또한 멋지게 계획된 전술이다. 따라서 포기는 실패가 아니라 방향 전환이다.

실제로 이런 논리는 카지노 슬롯머신에 계속 돈을 넣는 상황과 다를 바 없다. 많은 이가 '조금만 더 하면 잭팟이 터질 거야!'라고 믿으며 기대에 빠지지만, 결국 본전도 못 찾고 빈털터리가 되어서야 후회한다.

반면, 슬기로운 사람은 이미 잃은 것은 돌아오지 않는다는 사실을 인정하고 "여기서 그만!"이라고 외치며 손을 턴다.

이처럼 바다에서 잡히지 않는 물고기를 계속 낚으려 애쓰기보다 새로운 물길을 찾아 떠나거나 끝없는 사막에서 오아시스를 찾기보다 새로운 지평을 향해 걸어가는 것은 포기가 아닌, 고도의 스킬이다.

포기를 단순한 자존심의 문제로만 여긴다면 이는 미련의 늪이나 집착의 굴레 또는 어리석은 고집이라는 덫에 걸린 상태와 다를 바 없다. 하지만 변해버린 열정이 미련임을 인지하는 순간, 포기는 더 이상 좌절이 아니라 막차 대신 첫차를 타는 현명한 선택이자 역전의 기회가 된다.

어제와 내일 사이의 선택

후회는 지난날의 나를 멱살 잡고 싶어지는 순간인 반면, 결단은 미래의 나에게 박수 치고 싶어지는 자기 격려의 순간이다. 후회는 여러 가능성 중 하나를 놓쳤다고 생각하는 미련이고, 결단은 여러 가능성 중 가장 가치 있는 하나를 선택했다고 믿는 자신감이다.

**'후회는 가능성에 매달리는 것이고,
결단은 가능성에 투자하는 것이다.'**

후회는 지나간 나를 혼내는 감정이고, 결단은 다가올 나를 응원하는 선택이다. 나아가 후회는 놓친 가능성을 탓하는 눈물이지만, 결단은 선택한 가치를 축하하는 웃음이다.

이를테면 후회는 뷔페에서 '한 접시 더 먹을걸' 하고 아쉬워하거나, 시험을 망친 뒤 '한 시간만 더 공부할걸' 하며 되뇌는 회한이다.

반면, 결단은 뷔페에서 '후식은 됐고 커피나 마셔야겠다'라고 마음 먹는 후련함이며, 시험을 망친 뒤 '다음 시험을 위해 다시 준비하자'처럼 긍정적으로 마음을 다잡는 다짐이다.

후회는 어제를 붙잡아두려는 관성이지만, 결단은 내일을 밀어 올리는 힘이다. 그래서 후회는 과거에 따귀를 날리고픈 감정을 불러일으키고, 결단은 미래에 키스하고픈 기분을 들게 한다.

결국 후회란 모든 것을 손에 쥐려다 놓쳐버린 이의 미련일 뿐이다. 따라서 모호함을 확신으로 바꾸고 결단에 힘을 싣는 유일한 방법은 스스로를 믿고 나아가는 단호한 결정뿐이다.

운명이란 안 보이는 상자 속에서 손끝의 감각만으로 구슬 하나를 고르는 것과 같다. 꺼낸 것이 차가운 돌멩이일지, 빛을 머금은 수정일지는 아무도 모른다. 중요한 건 어떤 것을 골랐는지가 아니라, 그것에 어떤 의미를 부여하느냐다. 결국 운명은 뽑기의 결과가 아니라, 그것을 대하고 해석하는 방식에 붙여진 이름일 뿐이다.

'운명은 뽑기이고 의미는 편집이다.
따라서 패는 주어지지만, 줄거리는 스스로 쓰면 된다.'

인간에게는 선견지명이나 예지력 같은 능력이 없으므로, 누군가를 직접 만나보기 전까지는 그 사람이 좋은지 나쁜지 알 방법이 없다. 따라서 우리가 맺을 인연을 미리 알지 못하는 것은 당연하다.

이런 불확실성은 일상에서도 흔히 경험한다. 예컨대 음식점 메뉴판의 근사한 사진만 보고 음식을 골랐다가 실망하는 경우가 있는데, 인간관계도 이와 다르지 않다. 카카오톡 프로필이나 인스타그램 피드 등 SNS 속 멋진 사진만으로는 그 사람의 진정한 모습을 알 수 없다.

만약, 지금 당신이 나쁜 인연을 맺었다 해도 자신을 탓할 필요는 없다. 맛없는 음식을 먹고 나면 다음번엔 같은 선택을 피하듯, 나쁜 인연도 한 번 겪고 나면 충분히 피할 수 있는 배움이 된다. 중요한 것은 그 관계를 바라보는 우리의 태도와 선택이다. 나쁜 인연을 내 탓이라 여기며 끌려다니기보다 오히려 그 관계를 끊어낼 책임이 오롯이 나에게 있음을 인정해야 한다.

악연 자체를 만나는 것은 피할 수 없는 운명일 수 있으나 그 관계를 지속할지 말지는 온전히 자신에게 달렸다는 의미다. 그러니 나쁜 인연과 엮였다면 자신을 탓하기보다 그 관계를 정리할 용기부터 꺼내야 한다.

감정 전쟁에서
살아남는 법

인생이라는 치열한 경기장에 맨몸으로 뛰어들면, 감정에 베이고 평가에 찔려 금세 쓰러진다. 그러므로 '자존감이라는 갑옷'과 '자신감이라는 창' 그리고 '자존심이라는 방패'를 꼭 챙겨야 한다. 이 세 가지 필수 장비가 없다면, 사회라는 감정의 격전지에서 제압당한 채 끌려다니는 패배자의 행렬에 설 수밖에 없다.

'자존감은 내면의 방탄복이고,
자신감은 나아가는 추진력이며,
자존심은 흔들림을 막는 균형추이다.'

삶이라는 전장에서 당당히 맞서기 위해 필요한 세 가지 무기는 자존감, 자신감, 자존심이다.

첫째, 자존감은 내면의 갑옷과 같은 것으로, 외부의 상처로부터 우리 자신을 보호할뿐더러 자신을 스스로 굳건히 바로 세울 존재의 근간이 된다.

둘째, 자신감은 앞으로 나아가게 만드는 창의 역할을 한다. 목표를 향해 주저 없이 전진할 수 있도록 용기를 주는 가장 공격적인 무기다.

셋째, 자존심은 타인과의 관계에서 자신의 존엄성을 지키는 경계로, 이는 외부의 부정적인 평가나 상처라는 화살로부터 나를 지키는 최후의 방패 역할을 한다.

인생은 타인의 시선과 평가가 쏟아지는 치열한 전쟁터다. 이런 전장에서 자존감이라는 갑옷 없이 나서는 건 매서운 눈보라 속을 반팔 차림으로 헤쳐가는 꼴이다. 또한 자신감이라는 창이 없다면 도전은커녕 출발선에 서는 것조차 힘들 것이다. 그리고 자존심이라는 방패가 없다면 누군가가 내 존엄을 함부로 훼손하려 할 때 "그건 아니지!"라고 외칠 최소한의 방어막마저 상실하게 될 것이다.

내면의 법정에서 받는
심판

살다 보면 마음은 스포츠카처럼 질주하는데, 도덕이 뒤에서 속도위반 딱지를 끊으며 잡을 때가 있다. 그 순간 마음은 도덕의 딜레마에 붙들려 길을 잃고 헤매다가 거울 앞에 섰을 때 스스로 꿈꾸던 모습과 전혀 다른, 비루한 자신을 마주하며 진한 괴로움을 느낀다.

'도덕으로 자신을 묶고 본능을 외면하는 것은
자신에게 벌을 내리는 일이다.'

진심으로 갈망하는 이상이 사회적 도덕의 잣대에 가로막혀 억눌릴 때, 인간은 삶의 방향타를 잃고 방황하게 된다. 결국 스스로 내면의 욕구를 부정하고 멈춰 세운 대가는 이상과 현실 사이의 깊은 괴리감으로 되돌아온다.

예컨대 원하는 진로 대신 부모의 기대에 따라 다른 길을 선택한 학생, 일탈을 꿈꿨지만 사회적 통념 앞에서 멈춰 선 직장인, 비밀스러운 연애를 하고 싶었지만 주변의 시선과 도덕관념 때문에 포기한 연인, 남에게 상처 주기 싫어 자신을 억누른 채 살아가는 평범한 사람까지, 질주하고 싶었지만 도덕이 밟는 브레이크에 제동 걸린 경험이 누구나 있을 것이다.

　이런 도덕적 제동은 해로운 관계를 정리할 때도 발목을 잡는다. 만 날 때마다 끊임없는 불평과 비관으로 내 에너지를 소진시키는 10년 지기 친구가 있다면, 도덕은 '의리'를 명분 삼아 관계 정리를 망설이게 만든다. 그러나 해로운 관계는 정신 건강을 위해서라도 과감히 끊어내 야 한다. 이때 느끼는 불편함과 부담은 새로운 시작을 위한 일시적인 통과의례일 뿐이다.

　도덕은 당신을 가두는 덫이 아니라, 더 나은 삶을 향해 잠시 머무는 정류장이어야 한다. 즉 불필요한 고민으로 자신을 괴롭히지 말고, 내 려야 할 때라면 주저 없이 하차 벨을 누르는 용기가 필요하다.

위험한 확신과 무모한 용기

세상에서 가장 섬뜩한 인간은 위험한 확신으로 분별력을 마비시키고, 무모한 용기로 두려움을 억누르는 자이다. 이런 인간들은 자신이 보고 들은 것만을 맹신하며, 신념이 맹목으로 굳는 순간 손에 든 칼이 곧 정의라고 믿는다. 결국 눈을 가린 채 칼을 휘두르면서도 그 칼끝이 오직 악인만을 심판할 것이라고 확신한다.

**'무지에 신념을 더하면 위험한 무기가 되고,
지식에 겸손을 더하면 슬기로운 지혜가 된다.'**

맹목적인 신념에 사로잡혀 이성을 잃은 사람은 중대한 질병을 확신하고도 추가 검사를 거부하는 환자와 다를 바 없다. 처음에는 자신의 판단이 옳다고 굳게 믿지만, 결국 스스로를 위험에 빠뜨리고 만다.

용기가 두려움을 인지하고 나아가는 분별 있는 발걸음이라면, 무모함은 눈을 감은 채 절벽으로 달리는 위험한 폭주다. 따라서 변질된 믿음이 맹목적인 신념으로 굳으면, 그 확신은 병을 이기는 힘이 아니라 스스로의 눈을 가리는 안대가 될 뿐이다.

그러므로 우리는 자신의 신념이 올바른지 끊임없이 의구심을 갖고 확인하는 습관을 들여야 한다. 마치 환자의 위중함을 발견한 명의가 즉시 단정하지 않고, 더 자세한 추가 검사를 진행하거나 다른 의사에게 재검사를 요청하는 것처럼.

쪼잔함을 피하려고
애쓰는 그대에게

본디 사람은 원하는 대답을 듣지 못하면 불쾌함이 속을 긁어대지만, 겉으로는 대범한 척하며 미간의 주름까지 펴려 한다. 그러나 그것은 대범함이 아니라, 체면에 묶인 불안한 허세에 불과하다. 진정한 대범함은 감정을 억누르는 기술이 아니라, 불편한 감정을 인정하고도 무례하지 않은 솔직함으로 품위 있게 표현하는 능력이다.

'위선의 미소는 마음의 발작일 뿐,
진짜 대범함은 감정을 매너 있게 드러낼 때 완성된다.'

'약한 자는 화를 억누르고, 강한 자는 화를 인정한다'라는 의미는 '쪼잔해 보일까 봐 치솟는 감정을 참는 것은 솔직함이 아니라 눈치라는 감옥에 갇힌 허세'라는 뜻이다. 왜냐하면 감정은 참는다고 해서 결코 사라지지 않기 때문이다.

솔직함이야말로 마음의 상태를 전달하는 가장 세련된 구조 요청이다. 따라서 자신의 감정을 솔직하게 표현하는 것은 쩨쩨하거나 부끄러운 행동이 아니다. 오히려 불필요한 감정 소모를 줄여 효율적인 감정 관리를 돕고, 나아가 관계를 개선하는 효과적인 방법이 된다.

가령 친구의 조언에 실망했을 때, 속마음을 감추고 "뭐, 네 생각도 맞지"라고 대답하며 웃어넘긴다면, 참았던 서운한 감정은 결국 친구와 당신을 서서히 멀어지게 만든다. 반면, "나는 네가 조금 더 내 입장을 이해해줬으면 했어"라고 솔직하게 말한다면, 오히려 관계는 신뢰를 중심으로 다시 조정될 수 있다.

물론 예의를 갖춰 솔직한 마음을 전했음에도 상대방이 이를 받아들이지 못하고 화를 낸다면, 그때야말로 그 관계가 더 이상 이어갈 이유가 없음을 깨닫는 분명한 계기가 될 것이다.

감정 치유
순서

마음의 상처는 외면하면 곪고, 마주하면 따갑다. 감정을 무작정 덮어두면 고름이 되고, 아무 생각 없이 들추면 덧나는 법이다. 따라서 감정을 치유하려면, 먼저 내 상처가 얼마나 깊은지 들여다볼 마음의 현미경부터 준비해야 한다.

'감정을 치료하려면, 외면이라는 진통제나 직시라는 항생제보다 분별이라는 처방전이 먼저다.'

화초를 키울 때 우리는 흙의 상태를 가장 먼저 살핀다. 흙이 습하면 바람에 말리고 건조하면 물을 주듯, 식물을 보살피는 행위는 늘 화분 속 흙 상태를 확인하는 것부터 시작한다.

마찬가지로 마음의 상처를 치유할 때도 상처의 깊이에 따라 방법이 달라진다. 얕은 상처는 시간의 흐름에 맡겨두는 것만으로 충분하지만,

깊은 고통의 트라우마는 각오라는 바늘로 꿰매는 노력이 필요하다. 깊은 상처를 외면하는 순간 그것은 상처가 아닌 병이 되기 때문이다.

가령 오랜 친구에게 배신당했을 때, 처음엔 너무 아파서 "괜찮아, 시간이 지나면 나아질 거야"라며 자신을 위로하거나, "내가 너무 바보였어"라며 자신을 비난할 수 있다. 이런 식의 방치는 상처를 아물게 하기보다 관계에 대한 불신만 커지게 만들 뿐이다.

그러니 먼저 해야 할 일은 내가 느낀 배신감이 단순한 사건 때문인지, 아니면 오랫동안 쌓인 기대와 신뢰가 무너졌기 때문인지 들여다보는 것이다. 이렇게 본질을 정리하는 과정을 거쳐야 비로소 감정의 상처에 새살이 돋을 수 있다. 즉, 정확한 진단이야말로 진짜 치유의 시작이다.

겉보다속

말끔한 인상을 남기고 싶다면 세안부터 제대로 해야 하고, 따뜻하게 목소리를 전달하고 싶다면 속마음부터 온화해야 하며, 존중받고 싶다면 내면을 먼저 가꿔야 한다. 비유컨대 수도꼭지에서 나오는 물이 탁한 건 배관 내부가 녹슬었기 때문이듯, 나를 향한 남들의 시선을 바꾸고 싶다면 보이지 않는 마음속부터 닦아내야 한다.

'본연의 차 맛은
찻잔의 깨끗함에서부터 시작된다.'

사진이 뿌옇게 나오면 카메라가 문제인 듯하지만, 대개 렌즈의 미세한 지문 때문이다. 음성이 탁하면 마이크부터 점검하지만, 솜 필터에 잔뜩 낀 먼지가 원인인 경우가 많다. 커피가 떫거나 쏩쓸하면 원두부터 탓하지만, 머신 내부에 낀 스케일 문제가 대부분이다.

우리의 삶 또한 다르지 않다. 렌즈를 닦듯 마음을 닦고, 필터를 교체하듯 습관적인 태도를 바꾸면 인위적인 보정 없이도 삶은 또렷해진다. 예컨대 선한 말과 멋진 삶을 이야기하는 사람이 일회용 컵을 아무 데나 던지고 땀 흘리는 택배 기사에게 함부로 말하는 성격이라면, 그것은 역겨운 천사 코스프레에 불과하다.

친절 교육을 수없이 받아도 진심으로 손님을 존중하는 마음이 없으면 작은 트러블에도 쉽게 짜증을 표출한다. 반면, 내면에서 우러나오는 배려심이 있는 사람은 교육 없이도 친절이 자연스럽게 나온다.

사람들은 당신의 옷장에 관심 없다. 다만, 태도에서 배어 나오는 인간적 향기를 맡을 뿐이다. 남들 눈에 비친 내 모습을 바꾸고 싶다면 겉옷을 걸치기 전에 속살부터 깨끗하게 씻는 것이 먼저다.

2

관계 속, 보이지 않는 간격

: 사람 사이에 흐르는
감정의 틈 읽기

위로가 어려운
이유

푸념이나 낙담은 준비된 감정으로, 이미 리허설까지 마친 상태의 표현이다. 반면, 상대방이 해주는 위로는 대본 없는 애드리브 같아서 듣는 사람의 에너지를 빠르게 방전시킨다. 그러므로 자신의 감정을 쏟아내기 전에 상대방의 심리적 여유부터 꼭 체크해야 한다.

**'하소연을 던진 쪽은 가볍지만,
받은 쪽은 무겁다.'**

푸념을 털어놓는 것은 논술 시험 답안을 모두 작성한 상태에서 제출하는 것과 같다. 즉, 이미 준비된 문장을 그대로 읽으면 되기 때문에 표현하는 쪽이 듣는 쪽보다 훨씬 편하다.

하지만 위로는 상황이 완전히 다르다. 이는 시험지를 갑자기 받아든 친구가 즉석에서 해설을 준비해야 하는 상황과 같다. 따라서 듣는 이는 즉석에서 반응을 만들고 감정을 함께 움직여야 하므로 금세 피로해진다. 위로를 요구하는 건 단순한 청취 에너지를 넘어 나의 컨디션까지 감지해달라는 추가 에너지를 요구하는 것이다.

푸념이 잦을수록 듣는 사람은 공감할 에너지보다 정서적 피로를 더 빠르게 느끼게 되어 경계심마저 싹틔우기 시작한다. 마음의 짐을 나누는 것은 좋지만, 그 짐이 빈빈하게 쏟아지면 관계의 무게 중심이 무너질 수 있다.

그러므로 위로받고 싶다면, 푸념할 타이밍이 상대에게도 괜찮은 시점인지 먼저 살펴야 한다. 자신의 무거운 이야기를 털어놓을 용기만큼, 듣는 사람의 여유와 타이밍을 배려하는 것 또한 중요하다.

성냥개비
사랑

성냥개비가 마찰 면에 긁혀 불이 붙으면, 화약은 순식간에 타오르고 몸통은 빠르게 타 들어간다. 성냥처럼 내 사랑이 빠르게 타 사라지길 바라지 않는다면, 나와 상대방 사이에 여유와 거리를 두어 사랑의 불길을 조절해야 한다.

'연정은 밀착되려는 마음에서 시작하지만,
사랑은 여백에서 지켜진다.'

조급한 사랑은 불 조절에 실패한 요리와 같다. 처음엔 뜨거운 김이 피어오르고 국물이 끓어오르지만, 이내 바닥부터 검게 눌어붙어 타버리기 마련이다. 내공 있는 요리사는 처음부터 중불로 불의 세기를 조절한다. 온기가 천천히 속까지 스며들도록 시간을 주고, 필요한 순간에는 뚜껑을 덮어 쉼을 준다.

　사랑도 마찬가지다. 하루 종일 연락하고 매일 만나며 모든 것을 조급하게 쏟아붓는 커플은 점점 감정 피로가 누적되어 사소한 말에도 예민해진다. 그러다 결국 "더 이상 못 견디겠어!" 하는 말로 끝을 맺는다. 반면, 사랑뿐 아니라 자신의 일과 생활 리듬을 지키는 커플은 서로의 일상을 존중하며 오랜 시간 안정적으로 연인관계를 이어간다. 이처럼 매일 불을 태우려 애쓰기보다 서로의 시간과 공간을 존중하며 은은하게 관계의 거리를 지킬 때, 비로소 사랑 또한 오래 지속된다.

　불꽃을 오래 유지하려면 불쏘시개만 던질 것이 아니라, 불씨가 꺼지지 않도록 시간과 공간을 두고 장작도 넣어야 한다.

부부,
그 진짜 의미

배트맨처럼 바깥에서 활약하는 슈퍼히어로와 집안을 묵묵히 돌보는 알프레드 집사의 관계를 부부의 모습에 빗대어 말하는 사람이 많다. 하지만 진정한 부부란 단순히 역할이 나뉜 관계가 아니다. 한쪽이 바깥일을 책임질 때, 다른 한쪽은 티 나지 않는 보살핌과 희생을 감내하면서 삶이라는 공동 프로젝트를 함께 이끌어가는 상호 보완적 관계다.

'부부는 역할극이 아니라,
함께 치우고 정리하는 생활극이다.'

많은 이가 부부관계를 단순히 밖에 나가서 돈을 버는 사람과 집안일을 책임지는 사람이 함께 사는 것으로 생각하지만 그 이상이다. 부부란 단순한 역할 분담을 넘어, 서로를 묵묵히 부양하고 보살피는 보디가드이자 어깨를 토닥여주는 멘토이다.

부부는 어느 한쪽이 경제적 안정을 위해 노력하고, 다른 한쪽이 정서적 지지와 헌신을 다하는 관계다. 때로는 둘 중 한 사람이 웃음을, 다른 한 사람은 감동의 눈물을 담당하며 서로의 감정을 책임지는 관계이기도 하다. 맞벌이 부부라고 해서 본질이 달라지는 것은 아니다. 일상에서 해야 할 일들은 결국 부부가 함께 해결하기 때문이다.

부부란 우열을 가리는 관계가 아닌, 겉모습보다 깊이 숨겨진 서로의 희생을 알아보는 눈을 가진 깊은 유대관계이다. 또한 가장의 어깨와 배우자의 손길이 다른 듯 같은 방향으로 향하고 있음을 아는 공동 운명체다.

따라서 부부의 연을 맺었다면 마땅히 서로를 위해 자신의 시간과 에너지를 기꺼이 내어주는 헌신적인 자세는 필수다.

아무짝에도
쓸모없는 승리

작은 승리의 짜릿함에 취해 마음속으로 '내가 이겼다!'를 외치다 보면, 어느새 주변에는 박수 대신 싸늘한 고요함만 남는다. 사소한 이김에 눈이 멀어 승리의 깃발을 꽂는 데만 연연하면, 결국 그 깃발 아래엔 적막한 무덤만 놓인다. 이것이 바로 사소한 승리의 쾌감 뒤에 숨겨진 관계의 독이다.

'말로 이기면 관계는 갈라지고,
관계를 지키면 이길 이유가 사라진다.'

작은 불꽃이 삽시간에 큰 화재를 일으키듯, 사소한 의견 충돌도 순식간에 물러설 수 없는 논쟁으로 번질 수 있다. 이때, 그 자리에서 상대를 이기는 순간의 쾌감은 마치 황금빛 열매를 맛본 듯 달콤하고, 대어를 낚을 때처럼 짜릿한 희열을 느끼게 한다. 하지만 그 쾌감의 열매와 대어는 곧 썩어 없어지기 마련이다.

작은 의견 충돌이 논쟁과 반박으로 이어졌을 때, 기어코 상대를 이기는 행위는 결국 아무짝에도 쓸모없다. 왜냐하면 승리에 눈이 멀어 오기로 점철된 언쟁이 이어질수록 상대의 호의는 사라지고 적의만 남기 때문이다. 말로 상대를 논파하고 눌러서 희열을 느꼈다면, 그 뒤에는 환호 대신 깊은 적막만 남게 된다. 사사건건 말로 상대를 압도하는 데 집착한다면 결국 식탁에 마주 앉을 사람이 아무도 없을 것이다.

논리로 상대의 말문을 막기보다 설령 침묵을 택할지언정 열린 마음으로 교감하는 자세가 필요하다. 그것이야말로 인간관계를 지키는 지혜다.

끌림의 본질

스펙, 외모, 유머, 성실함까지 모두 갖춘 사람일지라도 나와 맞닿은 감정의 결 하나가 어긋나면 감정은 얼음처럼 굳어진다. 반대로 성격과 매너조차 아슬아슬한 사람에게서 내 결핍을 채울 단 하나의 조각을 찾는 순간, 심장은 드럼처럼 울린다. 진정한 끌림은 머리의 계산이 아니라 마음속 결핍을 알아보는 본능에서 비롯된다.

'좋아진 이유를 말할 수 있다면 그건 취향이고,
말할 수 없다면 그건 감정이다.'

진정한 끌림은 이성적 판단의 결과가 아니라 무의식 속 결핍이 정확히 맞는 상대를 알아보는 본능에서 시작된다.

이런 비이성적인 끌림은 우리의 일상에서 쉽게 포착된다. 쇼핑몰에서 완벽한 기능을 갖춘 최신 스마트워치를 보고도 디자인 하나가 마음에 들지 않아 돌아서는가 하면, 기능은 미흡한데도 색감 하나가 내 취향에 맞아 카드부터 꺼내는 경우가 그것이다. 세탁하면 보풀이 일어나 신경 쓰이면서도 너무 좋아하다 보니, 버리지 않고 계속 입는 옷 또한 같은 이치다.

이처럼 끌림이란 객관적인 스펙을 넘어, 작은 결함조차 아무렇지 않게 감수하게 만드는 본능에 가깝다.

하지만 이런 감정적 끌림만 믿고 사람을 선택해서는 안 된다. 아무리 그 사람이 매력적이고 나에게 잘 맞아 보여도, 그 사람이 가진 단 하나의 단점이 국가대표급이라면 냉철하게 무시할 줄 아는 이성적 판단이 앞서야 한다.

리더십의
새로운 황금률

함께 일하는 사람들과 오랫동안 좋은 관계를 유지하고 싶다면, '갑'과 '을'이라는 위계가 존재하지 않음을 서로가 느껴야 한다. 관계의 중심에는 서열보다는 상호 존중이 먼저여야 하고, 지시보다는 요청이 앞서야 하며, 명령보다는 권장이 습관처럼 배어야 한다.

'계급장은 반항의 벽을 세우지만,
존중은 소통의 다리를 놓는다.'

업무라는 거대한 퍼즐을 함께 맞춰가는 동료들과 오래도록 좋은 관계를 이어가고 싶다면, 모든 회사 구성원이 '갑'과 '을'이라는 계급장이 존재하지 않는다는 확신을 가져야 한다. 즉, 회사에서 직위가 높다고 말투까지 권위적일 필요는 없다.

예컨대 "이거 해주세요"보다 "이거 부탁드려요"가 훨씬 부드럽고,

"이건 해야 합니다"보다 "이건 어떠세요?"가 더 나은 협력을 이끌어낸다. 이런 태도는 단순히 친절함을 넘어 관계의 지형도를 바꾸는 전략이다. 지시의 언어가 일시적인 복종을 낳는다면, 요청의 언어는 능동적인 협력을 만들기 때문에 권유의 말 한마디가 실질적인 업무 능률마저 높일 수 있다.

결국 관계의 수명은 지시기 아니라, 상대의 의사를 확인하는 질문에 달려 있다. 서열을 앞세우면 함께하는 마음이 사라지지만, 존중을 앞세우면 우리라는 공동체가 생겨난다.

좋은 관계를 유지하는 직장인들은 자신들의 관계가 권력을 가진 자와 가지지 못한 자 혹은 주는 자와 받는 자의 만남이 아님을 알고 있다. 그냥 말하지 않을 뿐.

가짜 소통에
대하여

타인에게 질문하면서도 이미 답을 정해두었다면, 이는 타인의 입을 빌린 이기적인 자문자답일 뿐이다. 타인에게 도움을 요청하면서 과도한 기대를 품는다면, 이는 상대를 요술 램프 지니로 착각한 것과 같다. 타인의 위로를 원하면서도 이미 모든 것을 다 아는 것처럼 대꾸하는 행위는 독백을 위한 리허설과 다를 바 없다.

**'답을 구할 질문이 아니라면 묻지 않는 게 낫고,
기대를 강요하는 도움이라면 청하지 않는 게 낫다.'**

타인에게 듣고 싶은 답을 정해놓고 질문하는 건 상대방에게 퀴즈를 풀어보라고 제안하는 것과 다를 바 없다. 도움을 받고 싶을 때 미리 상상하며 기대하는 것은 상대방에게 책임과 의무라는 과도한 부담만 지울 뿐이다.

타인으로부터 위로받고 싶으면서 자신의 하소연만 늘어놓는 태도는 절망을 정당화할 변론 상대를 찾는 것에 불과하며, 타인의 조언을 듣고도 이미 알고 있는 척하는 행동은 말만 경청일 뿐 스스로 셀프 방어막을 친 것과 다르지 않다.

그러므로 타인에게 질문할 때는 정해진 목적지 없이 여행하는 것처럼 열린 마음이어야 하며, 타인에게 도움을 받고 싶을 때는 어린아이가 부모님께 손을 내밀듯 꾸밈없어야 한다. 그리고 타인에게 위로나 도움을 구하고 싶을 때는 나무 그늘에서 잔잔한 바람을 느끼려는 것처럼 눈과 귀는 물론이고 마음까지 온전히 열려 있는 상태여야 한다.

시작하면 안 되는
사랑

천사 같은 얼굴에 악의 없는 지각 버릇을 가진 사람을 사랑하는 건 소화 안 되는 음식을 억지로 삼키는 것과 같다. 매력의 단맛 뒤에 똬리 튼 나쁜 버릇을 고쳐가며 사랑하려고 하는 건 얼음 속에 숨은 유리 조각을 삼키는 것과 다를 바 없다.

'변하지 않는 결함을 품으려는 사랑은
빛나는 허상 뒤에 숨은 절망을 끝없이 견디는 것이다.'

매력적이지만 신뢰할 수 없는 사람을 사랑하는 것은 매운 음식을 먹으면서 '이번엔 괜찮겠지'라며 기대하는 것과 같다. 처음에는 짜릿하고 강렬한 맛에 이끌리지만, 곧이어 속쓰림과 고통이 찾아오기 마련이다. 약속 불이행 같은 반복적 실망은 분명히 예고된 스트레스가 맞다. 그럼에도 '다음번엔 다를 거야'라며 자신을 위로하면서 그 관계를 이어가는 것은 희망 섞인 반복 고문에 불과하다.

물론 진정한 사랑은 상대방의 사소한 습관을 이해하고 수용하는 용기를 요구한다. 하지만 동시에 자신을 갉아먹는 비정상적인 집착을 포기할 줄 아는 현명한 지혜 또한 필요하다는 것을 잊으면 안 된다.

사랑에 빠지면 단점이 잘 보이지 않지만, 반복되는 나쁜 습관이나 문제는 결국 우리를 현실의 고통 속에서 눈뜨게 만든다. 겉모습의 매력에 이끌러 결함까지 감싸다 보면, 끝내 인내심이 바닥나 버틸 힘조차 잃게 된다.

자신을 지키고 싶다면, 상처를 건디는 것이 사랑이라고 믿는 그릇된 생각부터 버려야 한다.

색깔을 이용하는 인간

카멜레온이 색을 바꿨다고 해서 뱀이 되는 것은 아니다. 그런데 사람 중에는 색을 바꿔가며 뱀처럼 간교하게 움직이는 자들이 있다. 그들의 교활함은 사람을 합치는 척 흩뜨려놓고, 도와주는 척 중심을 차지하며, 은근히 융화되는 척 사람을 밀어낸다.

**'색을 바꾸는 것은 적응이지만,
속을 바꾸는 것은 위장이다.'**

세상 속 인간 카멜레온은 주변 사람을 환경처럼 이용한다. 그들은 타인의 성과 뒤에 그림자처럼 숨어 있다가, 상황을 교묘히 조작해 자신을 돋보이게 만든다. 때로는 분위기에 융화되는 척하면서 경쟁자를 고립시키고, 상황에 맞춰 가면을 바꿔 쓰며 주변을 능숙하게 조종한다.

일례로, 회사에서 새 프로젝트가 시작될 때 이런 사람이 꼭 등장한다. 기획 단계에서는 여러 팀에 참여해 아이디어를 냈다며 존재감을 드러내지만, 중간에 방향이 어긋나면 "나는 처음부터 반대했어요" 하며 빠져나간다. 반대로 프로젝트가 성공하면 "제가 그 아이디어 낸 거아시죠?" 하며 동료의 공을 가로채는 데 주저함이 없다.

그들이 가지고 있는 더 큰 문제는 책임 회피 방식이다. 자신의 교활한 언행이 발각될 경우, "아니면 말고" 또는 "오래전 일이라 잘 모르겠다"라면시 불분명한 기억력을 내세운다. 즉, 그들은 편리한 기억의 사각지대와 삼자대면의 어려움을 알고 악용하는 것이다.

진짜
사랑 본색

진짜 사랑은 이별의 칼에 찔린 상처의 깊이가 아니라, 고독한 기다림 속에서도 희망을 꺼낼 수 있는 용기에 가깝다. 즉, 이별에 지쳐 떠난 흔적은 사랑의 증거가 아니라 꽃이 피는 계절까지 버티지 못한 조급함의 흔적일 뿐이다.

'이별의 흉터는 사랑의 끝이 아니라,
기다림의 실패를 보여주는 증명서다.'

완벽한 이별은 찬란한 불꽃놀이가 사그라지는 순간과도 같다. 하지만 불꽃처럼 화려한 것만이 사랑의 전부라 여기면, 진짜 사랑의 깊이를 놓치기 쉽다. 진정한 사랑은 불꽃이 사라진 후에도 잿더미 속에 홀로 남아 희망의 씨앗을 묵묵히 심는 태도이기 때문이다.

사랑의 본질은 상처의 깊이가 아니라, 그리움 속에서도 희망을 놓지 않고 기다릴 수 있는 용기에 있다. 장기간 연락이 뜸한 연인을 기다릴 때 어떤 이는 사랑의 끝을 선언하지만, 진짜 사랑하는 이는 오지 않는 메시지 속에서도 마음의 불씨를 지키며 인내한다.

이별의 고통이 곧 사랑의 증거는 아니다. 오히려 혼자가 된 후에도 그리움의 장작을 모으며, 외로운 기다림을 선택할 수 있을 때 비로소 진짜 사랑이라 부를 수 있다. 이별이 완벽하다면 사랑은 미완성이고, 그리움이 완벽할 때 사랑은 완성된다.

그래서 한 치의 망설임 없이 완벽한 마침표를 찍는 것보다 끝난 관계에서도 마음속에 쉼표를 남겨두는 사랑이 더 진한 사랑이라고 말하는 것이다.

증명 없는 외침의
역습

"넌 틀리고 내가 맞아"라는 말은 타인을 현격히 압도할 수 있는 명확한 근거를 전제로 해야 한다. 그렇지 못하면 중립적인 척하는 "너도 틀리고 나도 틀려"라는 선언조차 삼가야 한다. 어설픈 비판은 없던 반감을 키워 긴장감만 번지게 만들기 때문이다.

**"내 논리가 단단하다면,
'왜?'라는 망치에 맞아도 금이 가서는 안 된다."**

은연중에 "넌 틀리고 내가 맞아"라고 직접적으로 말하지는 않더라도 서서히 묘한 분위기가 논쟁으로 이어질 때가 있다. 분위기가 고조되어 서슬 퍼런 날이 섰다고 인지하는 순간, 상대는 즉시 "왜?"라는 총구를 겨눈다. 하지만 이때 "넌 틀리고 내가 맞아"라고 주장한 사람이 제대로 된 근거를 제시하지 못한다면, 그 순간부터 논쟁은 관계를 깨뜨리는 유리잔이 된다.

따라서 자신 없는 근거로 섣불리 논쟁을 시작하는 것은 관계의 파국을 위한 행위에 불과하다. 자신의 논리가 흔들리는 것을 깨닫자마자 황급히 "우리 둘 다 틀렸네"라며 상황을 모면하려는 태도는 더 큰 문제다. 이는 진심 어린 사과가 아니라, 책임을 회피하려는 비겁한 술책처럼 보이기 때문이다.

누군가를 논박하려면 바위처럼 단단한 근거가 있어야 한다. 그렇지 않다면 "넌 틀려"라는 말은 칼이 아니라 나무젓가락에 지나지 않는다. 그리고 그 젓가락을 휘두르는 순간 상처는 남지 않지만, 관계에는 지울 수 없는 앙금이 남는다.

그렇기에 흑백을 가리고 싶거든 '하나의 나무에도 가지는 여러 갈래다'라는 말을 떠올리는 것이 필요하다.

사람 사이에서 느끼는
허기

사람으로 숲을 이룬 자는 숲 전체를 보살피듯 모든 인연을 가리지 않고 포용한다. 반면, 인연의 불모지에 홀로 선 자는 곁을 채울 인연 하나에 연연한다. 숲을 보는 사람은 인내로 관계를 쌓지만, 나무만 보는 사람은 성급함에 휘둘리다 관계를 잃는다.

**'정원사는 모든 꽃을 반기지만,
화분만 보는 이는 원하는 꽃이 아니면 실망한다.'**

인연을 대하는 태도는 마치 강의 물고기가 물을 갈망하지 않듯 넉넉한 자의 의연함과 메마른 땅의 씨앗이 단 한 방울의 물을 기다리듯 결핍된 자의 간절함으로 나뉜다.

풍성한 숲이 햇살을 나누듯, 인간관계가 넉넉한 이는 주변에 마음을 쓰는 데 인색하지 않다. 그들은 이미 충분한 유대감 속에서 심리적 여유를 누리기에, 새로운 인연을 쫓기보다 현재의 관계에 소홀함이 없는지를 살피는 것이 진정한 인연 맺기임을 알고 있다.

반면, 고독한 자는 홀로 남은 등대지기처럼 어두운 밤바다를 바라보며 단 하나의 불빛만 기다린다. 자신의 외로움을 채우는 것이 급선무이기에 주변을 돌볼 여력이 없으며, 오직 결핍을 메워줄 누군가를 찾아 헤매는 데 에너지를 쏟는다.

그래서 인연이 넉넉한 사람은 여유로운 배려로 사람을 보듬지만, 인연이 궁한 사람은 절실한 집착으로 상대를 지치게 할 뿐이다.

사랑 고백을 받은
당신에게

상대방에게 사랑 고백을 먼저 받았다고 해서 그 사람을 좌지우지할 수 있는 권좌에 오른 것이 아니다. 오히려 그것은 당신의 부족함보다 좋은 모습만을 먼저 보려 애쓴 상대방의 용기와 헌신이 담겨 있다는 뜻이다. 그렇기에 받은 마음 앞에서 해야 할 것은 계산이 아니라, 깊은 존중이다.

'먼저 한 사랑 고백은 감정을 건넨 거지,
지배당하려고 항복한 것이 아니다.'

"사랑해!"라는 말을 먼저 들었다고 해서 갑자기 연애라는 비행기 조종석에 앉은 줄 착각하면 곤란하다. 도리어 그것은 당신의 못난 점도 기꺼이 무시해보겠다는 선의의 맹신이자 은혜로운 베풂이다. 그러므로 그 사람의 감정 리모컨이 당신에게 넘어왔다고 생각하는 것은 어처구니없는 오만에 불과하다.

이런 사랑 고백은 잡초가 무성한 정원에서 잡초는 애써 외면하고 몇 송이 안 되는 꽃만 발견하려 노력해준 상대방의 고귀한 마음임을 알아야 한다.

그러니까 누군가에게 사랑 고백을 받았다면, 가장 먼저 해야 할 일은 고마움을 전하는 것이며, 그다음은 마음 정원에 남아 있는 몇 안 되는 꽃송이를 잘 보존하는 것이다.

조직생활은 그야말로 숨 막히는 야생 사파리와 같아서, 가늘고 길게 버티려면 고양이처럼 발소리를 낮추고 코끼리 같은 뚝심으로 견뎌야 한다. 반면에 짧고 강렬하게 살고 싶다면, 벌꿀오소리의 담력과 코뿔소의 돌진력으로 과감히 포효할 줄 알아야 한다.

'정글을 조용히 헤매는 자는 생존하고,
시끄럽게 뚫는 자는 전설이 된다.'

직장생활은 자동문 센서 앞에 다가서는 것과 같아서 조용히 다가가면 문이 열리지만, 너무 급하게 뛰어들면 문에 부딪힌다.

이렇듯 조직은 소리보다 움직임을 감지하고 말보다 태도를 읽는 센서와 같다. 따라서 오래 버티고 싶다면 센서 앞에서 숨을 죽이고 기다릴 줄 알아야 한다. 이는 곧 알아도 모르는 척, 들어도 못 들은 척하며 자신의 존재를 숨기는 것이다.

반면, 버팀보다 활약을 보이고 싶다면 센서가 반응하기도 전에 문을 열어젖힐 배짱이 있어야 한다. 그건 아는 것을 표현하고, 들은 것을 알리며, 자신의 존재를 당당하게 드러내는 태도에서 나온다.

하지만 중요한 것은 이 두 태도 중 그 어느 것도 틀리지도, 초라하지도 않다는 것이다. 왜냐하면 조직이라는 경기장에서 모든 이가 스트라이커가 될 수는 없기 때문이다. 때로는 조용히 자신의 역할을 하며 팀의 안정을 책임지는 수비수의 태도가 필요하며, 결정적인 순간에는 모든 것을 걸고 앞으로 나서는 스트라이커의 용기가 필요할 때도 있다는 의미다.

우리에게 남은 것은 옳고 그름도 아니고, 초라함과 초라하지 않음도 아니다. 단지, 때와 장소에 맞는 어떤 역할을 선택할지와 같은 문제만 남았을 뿐이다.

거짓말이 아닌,
진심

"죽을 때까지 변치 않고 너만 볼게", "네가 없으면 숨을 못 쉴 것 같아"라는 말들은 그 시절 그 사람이 했던 거짓말이 아니다. 다만, 시간이 흘러 설렘이 가신 뒤 익숙함에 중독된 상태가 찾아올 거라는 것을 미처 깨닫지 못했던 방증일 뿐이다.

'초기의 열정 고백은 관계의 시작일 뿐,
그 진심이 오래갈 거라는 보증서는 아니다.'

향초는 처음 불을 붙이면 진한 향을 방 안 가득 채우며 분위기를 압도한다. 하지만 시간이 흐르면 그 향은 점점 옅어지고, 남는 것은 그을음 자국과 녹아내린 왁스뿐이다. 그렇다고 처음의 향기가 거짓이었던 것은 아니다. 시간이 지날수록 향기가 연해진다는 당연한 변화일 뿐이다. 사랑도 이와 다르지 않다. 순간의 설렘은 진심이지만, 시간이 흘러 익숙함이 찾아오는 것은 피할 수 없는 자연스러움이다.

이성관계에서 말하는 순간의 사랑은 거짓이 아니라, 감정의 유통기한을 몰랐던 순수함일 뿐이다. 또한 "죽을 때까지"라는 말은 오래가고 싶다는 간절한 바람일 뿐, 불변의 계약이 아니다. 그때 그 순간의 감정에 취했던 말은 지극히 진심이었을 것이다. 다만, 그 진심보다 시간이 더 오래 산다는 것을 몰랐을 뿐.

열 길 물속보다 어려운
사람 속

온화해 보이는 사람도 양털 외투를 두른 이리처럼 겉모습은 순해도 속마음은 날카로울 수 있다. 그들이 귀를 기울이는 듯 보여도 마음은 옹성(甕城)처럼 굳게 닫혀 있을 수 있으며, 눈은 호수처럼 잔잔해 보여도 생각은 격랑일 수 있다. 그래서 순한 얼굴이 곧 착함을 뜻하는 것이 아니며, 온화한 말투가 마음의 깊이를 의미하는 것도 아니다.

'순한 양일지라도 심장에 겨울이 살 수 있고,
악한 늑대일지라도 심장에 봄이 살 수 있다.'

겉모습은 사람의 전부를 담아내지 못한다. 부드러운 마시멜로처럼 보이는 사람도 오래 겪어보면 날카로운 송곳을 숨기고 있거나 위험한 해파리를 감춰주는 하얀 산호초일 수 있는 것처럼.

겉과 속의 괴리는 잘 포장된 선물 상자가 항상 값진 것을 담고 있는

게 아니듯, 다정한 표정과 맞장구도 그저 정성 들인 포장지에 불과할
수 있음을 시사한다.

　문제는 우리가 종종 겉으로 드러나는 모습만으로 누군가를 쉽게 판
단하는 착각에 빠진다는 것이다. 예컨대 말수가 적고 조용한 사람을
착하다고 단정 짓기도 하는데, 오히려 그 적은 말수 속에 날카로운 분
석과 냉철한 판단이 숨어 있을 수 있음을 간과해서는 안 된다.

　그러니 아무리 솜사탕을 든 토끼일지라도 겉과 속이 다를 수 있다는
사실을 받아들이지 못하면, 결국 부드러운 솜사탕 속에 숨겨진 송곳에
상처를 입게 될 것이다.

사랑엔 없고,
우정엔 있는 것

'남사친'과 '여사친'으로 정의되는 우정의 관계에는 사랑이라는 짙은 감정 시그널은 존재하지 않는다. 그래서 '썸'이나 '심쿵' 같은 감정 과열 접점도 없고, 집착이나 무관심 같은 감정의 불안전성도 없다. 이런 관계는 불꽃 없이 온도가 유지되는 사이로, 끓지도 식지도 않는 우정의 온도를 의미한다.

'사랑은 뜨거워서 형태를 바꾸지만,
우정은 미지근해서 형태가 안 바뀐다.'

남녀 사이의 우정은 잘 그려진 평행선과 같다. 서로 같은 방향을 향해 나아가며, 함께 시간을 보내는 동안은 일정한 거리를 유지한다. 게다가 각자의 공간을 어지럽히기 위해 난입하지도 않는다. 사랑이라는 감정이 없기에 치솟는 열정이나 애착이 생기지 않으며, 집착이나 무관심 같은 부정적인 감정 또한 발생하지 않는다.

이런 안정성 때문에 '남사친'과 '여사친'의 관계는 마치 바다와 하늘이 만나는 수평선처럼 서로를 자유롭게 존재하도록 내버려두는 우정의 경계를 가진 관계라 할 수 있다.

그래서 그 경계선 안에서는 사랑의 소용돌이가 아닌, 신뢰와 이해라는 잔잔한 파도가 흐른다. 더 나아가 진정한 우정은 서로의 영역을 침범하지 않기 때문에 소유라는 그물에도 얽히지 않는다.

비논리적인 정답

사막을 걷다 지친 사람에게 주는 오마카세는 시원한 물 한 잔만 못하다. 마찬가지로 지친 사람에게 논리적인 정답을 던지는 건 배고픈 사람에게 요리책을 건네는 것과 다를 바 없다. 그래서 삶에 지쳐 속이 불타는 사람에게는 천재의 정답보다 MBTI의 F 유형 사람이 건네주는 공감이 진정한 소화기가 된다.

**'정답은 뇌를 만족시키고,
공감은 심장을 진정시킨다.'**

삶에 지친 이에게 건네는 진심 어린 충고는 폭우가 쏟아지는 날, 우산 없이 길을 걷는 이의 귓가에 울리는 자동차 경적에 불과하다. 그 충고는 시끄럽기만 할 뿐 위안은커녕 실질적인 도움조차 안 되기 때문이다.

그렇다면 이런 때 하는 진정한 위로란 무엇일까? 그것은 바로 비를 맞는 이에게 조용히 우산을 씌워주고 함께 걷거나 혹은 우산을 접고 같이 비를 맞아주는 것 그 자체다. 말없이 곁을 지킬 때 전달되는 온기야말로 지친 영혼이 진정으로 필요로 하는 것이다. 누군가를 위로하고 싶다면, 그저 그의 곁에서 묵묵히 동행하거나 머물러주는 것만으로도 충분하다.

마음이 힘들다고 말하는 사람에게는 문제해결을 위한 조언의 순서를 뒤로 미루고 '나라도 힘들었을 거야'와 같은 동감이나 "정말 많이 힘들었겠구나"와 같은 공감을 먼저 표현해야 한다. 그렇게 시간이 흐른 뒤 "이런 방법은 어때?" 같은 제안을 해주는 것이 사려 깊은 조언이다.

이런 공감은 지친 마음의 열을 식혀주는 해열제이자 억눌린 감정을 풀어주는 소화제이다.

베풂과 나눔의 정석

진정한 베풂은 찻잎이 물속에서 스스로 우러나오는 과정이며, 진정한 나눔은 가득 찬 잔 속의 물을 기꺼이 비워내는 행위이다. 베풂을 말하면서 찻잎이 진하게 우러나오지 않는다고 억지로 짓눌러서는 안 되며, 나눔을 말하면서 잔에 물이 넘칠까 노심초사해서는 안 된다.

'베풂은 성숙에서 피어나고,
나눔은 여유에서 시작되며,
베푸는 것은 조용해야 깊고,
나누는 것은 비워야 진심이 된다.'

베풂은 타인에게 무언가를 제공하려는 넓고 근원적인 마음의 태도를 의미한다. 그런데 이 베풂이 진정성을 갖추려면 반드시 주는 이의 순수한 마음에서 비롯되어야 한다. 자발성이 결여된 베풂이라면 선의를 가장한 통제욕에 불과하며, 무언가를 잃을까 봐 계산하는 마음은 이기적인 거래에 지나지 않는다. 실제로 이런 억지 베풂은 받는 이에게 불편한 기운을 풍기고 찝찝함마저 남긴다.

반면, 나눔은 베풂이라는 마음이 구체적인 행동으로 실현되는 과정을 뜻한다. 진정한 나눔은 물이 높은 곳에서 낮은 곳으로 흐르듯 자연스럽게 이루어져야 하며, 결코 타인에 의해 강요될 수 없다.

따라서 나눔 행위 자체는 숭고하지만, 베풂의 근본이 되는 마음과 다른 의도가 없는지 스스로 돌아볼 필요가 있다. 또한 베풂의 마음이 지나쳐 과도한 나눔으로 이어질 경우, 이는 상대에게 심리적 부담을 주어 진정한 관계 형성을 방해할 수 있다.

자신의 부족함이나 공허를 메우는 베풂은 나눔이 아니다. 즉, 아낌없이 자신의 잔부터 비울 줄 아는 것이 진정한 나눔의 시작이다.

세대 간 소통의
시작 조건

젊은 세대는 아직 늙지 않아 노년의 삶과 생각을 온전히 이해하기 어렵고, 노년 세대는 젊은 시절을 잊어 젊은 세대들의 고민을 미처 헤아리지 못할 수 있다. 젊은 세대는 노년의 삶을 아직 경험하지 못했다고 해서 노년 세대의 이야기를 무시할 권한이 있는 것은 아니며, 노년 세대는 자신의 젊은 시절을 잊었다고 해서 젊은 세대를 함부로 판단할 특권을 가진 것도 아니다.

'경험하지 않았음은 질문할 위치에 있다는 것이고,
잊었다는 것은 경청할 준비가 필요하다는 뜻이다.'

세대 차이로 인한 대화 단절은 한마디로 미지의 길을 걷는 사람과 잊힌 길을 헤매는 사람 사이에서 발생하는 문제와 같다. 이는 젊음이라는 초보 운전자가 고속도로의 무서움을 이해하지 못하고, 노년이라는 베테랑 운전자는 초보 시절의 떨림을 잊은 격이다.

흔히 젊은 세대는 "겪어보지 않았으니 모른다"라는 태도로, 기성세대는 "기억나지 않아서 이해할 수 없다"라는 태도로 상대를 깎아내리기 일쑤다. 하지만 바꿔 생각하면 겪지 않았다는 사실은 배울 이유가 되고, 잊었다는 것은 들을 이유가 된다. 따라서 세대 간의 진정한 대화는 서로의 경험 부족과 희미한 기억을 인정하는 데서 시작된다.

서로 다른 언어를 쓰는 사람들이 몸짓과 그림으로 소통하려는 것처럼, 세대 간에도 적극적인 노력이 필요하다. 이런 노력은 "저는 아직 겪어보지 못했으니 섣불리 판단하지 않겠습니다"라는 젊은 세대의 자세와 "오래되어 기억이 잘 나진 않지만, 젊은 당신의 이야기에 귀 기울여보겠습니다"라는 기성세대의 열린 마음에서 시작된다.

경험하지 못한 것이 우월한 이유가 아니듯, 기억하지 못하는 것 또한 면죄부가 아님을 인정하는 태도야말로 세대 간 소통의 시작 조건이다.

넘치는 애정이 만든 폐해

사랑하는 사람의 비서가 되어 사소한 것부터 감정의 기복까지 모두 책임지려는 순간, 헌신적 배려는 집착이라는 호흡기로 변질되어 사랑을 질식시킨다. 이처럼 상대를 위해 지나치게 잘하고 싶은 마음은 오히려 상대를 옴짝달싹 못 하게 만드는 밧줄이 되어 숨통을 조른다.

'집착에 갇힌 애정은 상대의 선택조차
대신 정해주는 것을 존중이라 말한다.'

집착을 애정이라고 착각하는 사람은 매일 정성스러운 도시락을 싸주면서 반찬의 종류와 먹는 시간까지 정해준다. 헌신적으로 보이지만, 이는 상대방의 선택권과 자율성을 무시하는 일방적인 통제다. 다시 말해, "당신을 위한다"는 명목으로 자신의 방식만 강요하는 이기심의 다른 얼굴인 것이다.

진정한 사랑은 상대를 자유롭게 존중하는 데서 시작된다. 도시락을 싸주는 행위만큼이나 그것을 언제, 어떻게 먹을지에 대한 상대방의 의견을 묻는 것이 중요하다. 물론 사랑에는 책임감도 필요하지만, 가족이나 연인 사이일수록 꼼꼼한 책임감보다는 유연성과 따뜻함이 더 필요하다.

이런 관점을 분재로 비유하면 더욱 선명해진다. 아름답게 키우고 싶다는 마음에 매일 가지를 자르고 철사로 묶어 모양을 잡으려 하면, 나무는 결국 스스로 자랄 힘을 잃고 시들어버린다. 반면, 햇볕을 쬐고 바람을 맞으며 자유롭게 자라도록 지켜봐주는 여유로운 돌봄은 전혀 다른 결과를 만든다.

사랑은 완벽하게 채워주는 것이 아니다. 서로의 불완전함을 함께 견디는 여백에서 사랑은 활짝 피어난다.

피해야 하는 존재

영혼이 있는 사람들에겐 '그만!', '이건 아니야!' 또는 '좀 더 생각해 봐!' 와 같은 내면의 양심 레이더가 있다. 그런데 이 양심 레이더가 고장 난 사람은 그 어떤 초능력으로도 개선할 수 없기에 그들을 설득하려 애쓰기보다 멀리하는 게 최선이다.

'양심으로 인한 망설임과 주저함은
영혼을 가진 인간만이 가지고 있는 지문이다.'

무언가를 갖고 싶다는 충동이 들 때, "내가 이걸 가져도 괜찮을까?" 라고 자신에게 묻는 이는 양심이 작동하는 사람이다. 그런 사람은 욕심 앞에서 섣불리 결단하지 못하는 양심 브레이크를 가지고 있다. 이 브레이크는 단순한 눈치가 아니라, 옳고 그름을 가려내는 내면의 기준이다. 그래서 영혼이 있는 사람은 욕망을 느끼더라도 그것이 타인에게 해가 되는지 먼저 살핀다.

반면, 한 치의 망설임도 없이 원하는 것을 빼앗거나 취하는 사람은 이미 양심 브레이크가 망가진 상태로, 그들의 존재는 사고를 부르는 고장 난 신호등과 다를 바 없다. 그럼에도 관계 정리를 생각하지 않는 것은 브레이크 없는 차량이 나를 향해 돌진하고 있음을 알면서도 무방비로 서 있는 것과 같다.

모든 사람을 변화시킬 수 있다는 믿음은 위험한 오만이다. 당신의 귀한 에너지는 타인을 재건하는 도구가 아니라, 스스로의 평온을 지켜 내는 방패가 되어야 한다.

편안함은 내 몫을 조금 덜어내고 존재감을 한층 낮출 때 상대가 느끼는 감정이다. 이 원리를 몸으로 실천하는 이들을 우리는 착한 사람이라 부른다. 그래서 착한 사람은 답답하지 않을 만큼만 느리고, 의식하지 않을 만큼만 신중하다.

**'둔함은 해가 없는 미덕이고,
얕은 눈치는 미모에 기대는 해악이다.'**

진정으로 착한 사람의 매력은 어리숙해 보일 만큼 조심스러운 태도가 만들어내는 편안함에 있다. 그들의 존재감은 겉모습이 아니라, 곁에 있는 사람을 상처 주지 않으려는 섬세한 배려에서 비롯된다. 다시 말해, 진짜 착함은 당장 눈에 띄지 않더라도 오래도록 곁에 두고 싶은 편안함을 통해 느끼게 된다는 뜻이다.

이처럼 진정으로 착한 사람은 단순히 어리숙함으로 비치는 것이 아니라, 상황에 따라 적절한 둔감과 조심스러운 태도를 동시에 지녀 타인에게 진정한 편안함을 선물하는 사람이다. 물론, 누구나 겉모습이나 말솜씨만으로 착함을 흉내 낼 수 있다. 하지만 자신을 기꺼이 양보할 줄 아는 편안함은 쉽게 모방할 수 없다. 따라서 오랜 시간 곁에 머물며 자신을 드러내고자 하는 마음을 참아낼 줄 아는 사람만이 진정한 편안함을 풍긴다.

이런 편안함은 잠깐의 호의와 차별되는 편안함으로써 오래도록 기억되는 착함의 명확한 기준이다.

기우는 사랑에 대한 해석

남녀관계에서 마음을 먼저 내미는 행위를 두고 '자존심은 손해'라 말한다. 그러나 냉정하게 보면, 그저 불리한 상황일 뿐이다. 먼저 손을 내민다는 건 한여름 땡볕 아래에서 자신의 갈증보다 상대방의 갈증을 먼저 생각하고 얼마 남지 않은 물통을 기꺼이 건네는 것과 같다.

**'체면은 사랑을 손해라 하지만,
마음은 그것을 투자라고 부른다.'**

심리적 손해는 물론이고 감정마저 적자를 보는 이상한 투자를 우리는 사랑이라 부른다. 이런 사랑의 역설 속에서 자존심은 상처를 받지만, 이성은 그저 불리한 상황으로 인식할 뿐이다.

연애 중에 한 사람이 늘 먼저 연락하고, 먼저 사과하고, 먼저 약속을 잡는다고 할 때, 주변 사람들은 "너만 애쓰는 거 아냐?"라며 염려 섞인 시선을 보낸다. 하지만 그 사람은 자존심을 벤치에 앉혀두고 감정의 손실을 감수하고서라도 관계를 지키려는 헌신적인 사랑 방식을 이성적으로 선택한 것이다.

사랑이 한쪽으로 기울어질 때, 자존심은 손해와 패배에 집중하기 때문에 자신에게 상처를 남긴다. 그러나 이성은 불균형한 관계가 초래할 파국과 이별의 징후를 먼저 감지한다. 즉, 자존심은 단순한 손익을 계산하지만, 이성은 그 너머의 불안까지 예측해서 사소한 손해는 기꺼이 뒤로 미뤄두는 것이다.

후회 없는 사랑을 원한다면 자존심이 들이대는 계산기를 내려놓고 이성의 경고에 귀 기울여야 한다. 진정한 사랑은 자존심을 넘어서는 용기 있는 이성적 행동이기 때문이다.

다수의 탈을 쓴
소수

논리보다 목소리 크기로 말하는 자는 혼잡한 시장에서 가장 큰 소리를 내는 상인과 같다. 그런 사람은 언제나 밝은 미소라는 철갑을 두르고 높은 텐션의 도끼를 휘두르며, 은근슬쩍 과반수의 의견인 양 자신의 주장을 세뇌하듯 퍼뜨린다. 그러므로 우리는 다수의 탈을 쓴 소수의 외침에 현혹되지 않도록 경계해야 한다.

'논리보다 주장을 밀어붙이는 사람은
자신의 옳음을 타인의 침묵에서 찾는다.'

살다 보면 긍정적인 얼굴 뒤에 교활한 속셈을 숨기고, 논리적인 척 자신의 주장을 다수의 의견처럼 포장하는 사람들을 만나게 된다. 이들은 달콤한 말과 유쾌한 분위기로 상대를 현혹하며, 소통과 배려 없이 오직 자신의 이익을 위해 행동한다. 심지어 기세나 허세로 상대를 압도하며 자기 뜻대로 끌고 가려고까지 한다.

이런 이들을 만나게 된다면, 반드시 명심해야 할 점이 있다. 첫째, 큰 목소리는 다수가 아니라 다수인 척 훈련된 소수일 뿐이라는 것이다. 둘째, 말이 많다고 진실이 되는 게 아닐뿐더러 박수가 크다고 동의를 의미하지도 않는다는 사실이다.

진정한 설득은 소란스럽지 않게 조용히 다가와 마음을 움직인다. 따라서 큰 소리 속에 담긴 허세를 구분하고 소음이 아닌 진정한 내용을 들으려 노력해야 한다. 길거리에서 무료 샘플을 주는 척하다가 실제로는 값비싼 상품을 팔려는 상인처럼 그들의 목소리는 크고 표정은 밝을 수 있지만, 그 주장은 제대로 검증되지 않은 허구일 수 있다는 것을 알아야 한다.

사랑은 연못에 던진 돌처럼 미련 없이 내던져야만 물결처럼 퍼져나가며 진정한 울림을 만든다. 돌을 던진 뒤 돌아올 파장이나 보상을 기대하는 순간, 그것은 순수한 사랑이 아닌 계산된 거래로 전락하고 만다. 그래서 품격 있는 사랑이란 퍼지던 물결이 잔잔해지고 모든 것이 제자리로 돌아왔을 때, 본전 생각 없이 돌아서는 뒷모습에 있다.

**'파동은 남기되
미련은 두지 않는 것이 사랑의 품격이다.'**

사랑이 뜨거운 불꽃이 되길 원한다면, 재가 되어 사라질 것을 두려워하지 말고 모든 장작을 태울 줄 알아야 한다. 이처럼 진정한 사랑은 아낌없이 베풀고 미련 없이 떠나보내는 용기에서 완성된다.

좋은 향수를 가졌다고 했을 때, 한두 번 살짝 나에게만 뿌린다면 자신만 향기를 맡을 뿐 그 향기는 주변에 전달되기 어렵다. 하지만 아낌없이 뿌렸다면 함께하는 공간에 있는 모든 사람이 향기로움을 느낄 수 있다. 문제는 향수를 다 쓴 다음이다. 어떤 이는 "이거 얼마짜리인데!"라며 빈 병을 보고 아쉬워하지만, 정말 멋진 사람은 "좋은 향기를 다 함께 나눠서 기분 좋았어!"라며 미련 없이 빈 병을 버린다. 사랑도 마찬가지다. 아낌없이 베푼 후 그 결과에 연연하지 않을 때, 비로소 그 사람이 하고 있는 사랑의 진정한 품격이 드러나는 것이다.

품격 있는 사랑을 하고 싶다면, 지난 감정을 사막의 물처럼 모두 말려낼 줄 알아야 한다. 자신의 진심을 한 방울도 남기지 않고 모두 줘 본 사람만이 미련 없이 이별할 수 있다. 그래서 사랑은 던지는 순간 온 마음을 다해야 하고 퍼지던 물결이 일지 않을 때 미련 없이 돌아서야 한다.

우아한
퇴장의 기술

초대받은 손님이 스포트라이트를 독점하고, 정작 파티 주인은 관람자로 밀려나는 주객전도(主客顚倒) 상황에 놓일 때가 종종 있다. 이럴 땐 억지로 중심을 되찾으려 애쓰기보다 차라리 우아하게 퇴장 카드를 내밀고 떠나는 것이 낫다. 그렇게 하면 당신은 너그러운 사람으로 기억될 뿐만 아니라, 무례한 상대에게 은근한 죄책감까지 선물할 수 있다.

'주객의 주도권 싸움에서 주인이 한발 물러서는 순간,
상대의 민망함은 승리의 자국이 된다.'

간혹 손님으로 온 사람이 어느새 주방장이 되어 고기 굽는 법까지 가르치려 들 때가 있다. 이런 상황이 불편하게 느껴진다면, 굳이 그 주방에 남아 에너지를 소모할 필요는 없다.

상대의 무례함에 직접 맞서기보다 차라리 "오늘은 제가 설거지할게

요!"라며 한 발짝 물러서는 지혜를 발휘하는 편이 훨씬 현명하다. 그렇게 당신이 자리를 내어주는 순간, 상대방은 묘한 어색함과 미안함이라는 뜨거운 불판을 혼자 감당하게 된다.

마찬가지로 자신이 주최자인 양 분위기를 쥐고 흔드는 사람이 있다면, 미소 띤 얼굴로 "저는 이만 비켜드릴게요!"라고 인사하는 것이 상대에게 묵직한 부채감을 전달하는 가장 지적인 내처법이다.

이처럼 묘하게 흘러가는 분위기 속에서 의연한 관용은 자신을 보호하는 동시에 상대를 낯부끄럽게 만드는 재치다. 따라서 진정한 주도권은 자리를 지키려 애쓰는 것이 아니라, 기꺼이 자리를 내어줄 줄 아는 교양에서 나오는 것이다.

**이별 토론을
시작할 때**

다음 중 두 가지 이상이 당신의 연애 일상이라면, 이별은 더 이상 배신의 면도날이 아니라 자신을 구원하는 치유의 메스다.

① 농담 속에 감춘 독설이나 관심으로 위장한 과도한 간섭 ② 밥 먹듯 하는 잦은 사과 ③ 솔직함으로 변장한 비수 같은 언사 ④ 자동 응답기 같은 기계적인 대화 ⑤ 이유와 설명이 없는 잦은 읽씹(읽고 씹기) ⑥ 의무감으로만 채워진 공허한 약속 ⑦ 신뢰라는 보자기로 덮은 감시 ⑧ 데이트보다 잦은 다른 스케줄 ⑨ 질투와 불안감을 유발하는 상대의 휴대폰 ⑩ 익숙함을 핑계로 삼는 무관심 ⑪ 칭찬으로 위장한 비교질 ⑫ 가뭄에 콩 나듯 드물게 하는 애정 표현

**'반성과 칭찬이 습관의 옷을 입을 때,
사랑은 소리 없이 자리를 떠난다.'**

연애 상대로 인해 잦은 감정 고장을 겪거나 자신을 끊임없이 설득해

야 한다면, 그것은 사랑이 아니라 정서적 채무관계에 불과하다.

이런 관계는 멀쩡한 외관을 가졌지만, 온도조절이 안 되는 냉장고와 같다. 사랑이라는 이름표만 붙인 채 고장 난 냉장고를 방치하다 보면, 신선해야 할 우리의 마음마저 변질되고 만다. 진심이라는 방부제조차 없는 무감각한 핑계들이 쌓여가는 것은 더 이상 소통이 아니라, 관계를 정리해야 할 고장 신호가 맞다.

연인 사이에 감정의 온도가 조절되지 않거나 이상한 소리가 나기 시작했다면, 더 늦기 전에 전원 코드를 뽑아야 한다. 상처 주는 관계를 정리하는 것은 결코 배신이 아니다. 이는 상한 음식을 먹지 않으려는 본능적인 선택이다. 이런 행동이야말로 오히려 잘못 끼운 단추를 다시 푸는 용기임과 동시에 상처 입은 자신을 회복시키기 위한 보호 조치이다.

뾰족한 말의
이면

성게가 이유 없이 가시를 세우지 않듯, 말이 날카로운 사람도 이유 없이 그러는 것은 아니다. 때로는 그 억센 말투가 성격 탓이 아니라, 오늘 하루 종일 벽에 부딪혀서 생긴 멍을 감추려는 몸부림일 수도 있다. 그러니까 적어도 아는 사람이라면 "왜 이렇게 까칠해?"라고 비난하기 전에 "어디 다쳤어?"라고 물어보는 게 맞다.

'날카로운 혀끝은 상처를 드러내는 가장 서투른 방식이다.'

선인장이 사막에서 살아남으려고 가시를 키우듯, 우리 역시 마음속에 흉터가 깊을수록 말을 뾰족하게 만들어 내뱉는다. 즉, 날 선 말투는 누군가를 밀어내려는 의도라기보다 자신의 마음이 다치지 않기 위한 반사적인 행동일 수 있다.

산 정상에 있는 얼음 동굴을 밖에서 보면, 뾰족한 고드름이 잔뜩 매

달려 있어 가까이 가기조차 두렵게 느껴진다. 하지만 용기를 내어 동굴 안으로 들어가 보면 오히려 따뜻한 샘물이 솟아나는 것을 볼 수 있다. 즉, 동굴 스스로가 혹독한 외부 추위로부터 샘물을 보호하기 위해 차가운 얼음벽을 세웠던 것이다.

사람 역시 마찬가지다. 누군가의 말이 얼음 동굴처럼 차갑고 뾰족하게 느껴질 때, 우리는 보통 "왜 그렇게 예민해?", "무슨 심보로 그러는 거야?"라면서 등을 돌리기 일쑤다. 하지만 그 날카로운 말들은 사실 그 사람 내면의 따뜻하고 여린 마음 혹은 아물지 못한 상처를 지키기 위한 방어막일 수 있다.

평소 그렇지 않던 사람이 뾰족한 말을 하거든 즉각적으로 반응하기 보다 "혹시 오늘 힘든 일 있었어?"라며 한 발짝 더 다가가 손을 내밀어 보는 것은 어떨까.

3

스스로 내린 심리 커튼

: 감정을 숨기며 살아온
나와 마주하는 법

비열한
질투의 민낯

비열한 사람일수록 평소에는 공기처럼 여기던 짝지가 다른 누군가의 관심을 받는 순간, 그제야 없으면 안 될 산소인 양 행동하기 시작한다. 더 나아가 이런 사람은 전 반려자에게 새 연인이 생기면, 체면이라는 포장지에 질투라는 선물을 감춰 돌린다.

'떠난 뒤에야 귀해지는 마음은
사랑이 아니라 독점의 금단증상이다.'

항상 집 앞에 흐르는 강물처럼 당연시하던 사랑을 잃고 나서야 사막의 오아시스로 생각하는 사람이 있다. 이런 사람은 남의 시선이 닿아야 비로소 사랑을 자각한다. 하지만 그 마음의 정체는 사랑이 아니라 이기심에 취한 소유욕이거나 비열한 자존심 또는 익숙함이 사라진 불편함에 지나지 않는다.

이처럼 유치한 질투는 헌 옷장 속 먼지 쌓인 옷을 누군가 탐내자 명품이라고 우기거나, 냉장고에 방치했던 김치를 누가 맛있다고 하자 갑자기 엄마 손맛이라며 자랑하는 행위와 같다. 또는 헌책을 누군가 빌려 가려 하면 베스트셀러라고 소개하는 책방 주인의 심리와도 다르지 않다. 이런 치졸한 질투는 남들의 시선이 닿을 때만 가치를 부여하고 그 순간만을 이용하기 때문에 썩은 냄새를 감추기 위해 뿌리는 향수와 같다.

결국, 이런 사람들은 사랑보다 소유권을 더 아낀다. 그래서 이미 끝난 사랑을 질투심으로 부활시켜 독점하지 못한 마음에 집착하는 것이다.

역리의 질서 속에 사는 사람들

요즘 세상은 학벌을 '은'이라고 하고, 인맥을 '금'이라고 하며, '빽'은 다이아몬드라고 한다. 이런 배경 조건은 두터운 그룹을 형성하여 부와 권력만 있으면, 세상이 순리대로 굴러간다고 통용되는 현실을 만들어냈다. 그 결과, 사람들은 역리(逆理)임을 알면서도 부러워하고, 불합리인 줄 알면서도 동경하며, 부조리인 줄 알면서도 선망한다.

'세상이 거꾸로 굴러간다고 말하면서도
우리는 그 역리에 줄을 선다.'

현재, 동시대를 살아가고 있는 모든 이는 알고 있을 것이다. 인맥이 경력을 만들고, 그 경력이 쌓여 유명세가 되며, 이는 다시 거대한 조직으로 이어져 권력과 돈을 가진 이들이 세상을 거리낌 없이 호령한다는 사실을. 그 결과, 돈 많은 사람은 슈퍼맨 망토를 두른 듯 행동하며, 권력을 가진 자는 슈퍼히어로가 된 듯 세상을 지배하려 든다.

그래서 사람들은 이런 모습을 보면서 "부와 권력이 세상을 움직인다"라고 비난하면서도 "정의롭지 못해도 어쩔 수 없다"라는 체념 섞인 인정을 하는 경우가 대부분이다. 다시 말해, 가진 자의 부조리는 불쾌할지라도 가진 자의 반짝임은 설명 없이도 늘 설득력을 갖고 있다는 것을 의미한다. 이런 태도는 우리가 정의보다 성과를 먼저 배우고, 불의를 부러워하는 세대가 되었음을 뜻한다.

부와 권력이 지배하는 세상이 순리인 양 까불지라도 가소롭게 보고, 불합리에 대해서는 각자의 위치에서 최선을 다해 목소리를 낼 줄 알아야 한다. 당연히 선동과 위협이 아닌, 설득과 토론이라는 합리적인 방법으로.

혼자만아는
극단적 편향

자신의 실수는 땅콩 껍질처럼 바람에 쉽게 날려버리면서 남의 실수는
입안의 머리카락처럼 불편하게 여기는 것이 인간의 그릇된 이중성이다.
그래서 남의 발등을 내가 찍으면 애교로 넘기려 하지만, 남이 내 발등을
찍으면 정색하고 달려든다. 그리고 상대가 나 때문에 넘어지면 찰과상
이고, 남 때문에 내가 넘어지면 골절이라고 소리 지른다.

'너그러운 관용은 자기 실수가 아닌,
남의 실수를 바라볼 때 드러난다.'

자신의 실수는 바람에 흩어지는 민들레 홀씨처럼 가볍고, 남의 실수
는 눈을 찌르는 대못처럼 무겁게 여기는 이중잣대야말로 가장 추잡한
사고방식이다.

이런 인간일수록 자신의 실수는 그저 신호 위반이고, 남의 실수는

중앙선 침범이다. 심지어 내가 늦으면 사정이 있는 것이고, 남이 늦으면 무례라 단정하면서 남의 실수를 핀셋으로 집어내는 재주까지 있다. 내 실수에는 세상 관대한 '괜찮아' 필터를 씌우면서 남의 실수에는 "어떻게 이럴 수 있지?"라는 책망의 현미경을 들이댄다.

매사 내가 하면 실수이고 남이 하면 죄악이요, 내 잘못은 해프닝이고 남의 잘못은 범죄라는 방식으로 상황을 오도하며 남에게는 양심의 잣대를 내밀면서 자신에게는 관용의 잣대를 들이댄다. 더 큰 문제는 그 편파적 관용을 넘어 자신에게는 성찰이 필요 없다고 믿는 것이다.

하지만 적어도 이 글을 읽는 우리는 남의 실수로 엎질러진 커피쯤 웃으며 닦아낼 줄 아는 삶을 살아야 한다. 그렇게 비겁한 잣대의 방향을 바꾸면서 살아가다 보면, 어느새 당신은 대인이라는 후일담을 듣게 될 것이다.

비논리적
위안

인간은 기름진 야식을 먹은 뒤 체중이 늘었을 때, '그래도 행복했잖아!' 라며 후회보다 위안을 선택하는 심리를 가졌다. 그래서 자신이 선택한 결과가 버겁게 다가올 때 유익한 기억으로 포장하여 양심의 부담을 덜려는 비논리적인 심리를 가진 존재다.

'책임은 뱉고, 위안만 삼키는 사람은
늘 같은 실수를 다시 배달시킨다.'

인간은 쓰디쓴 실패의 맛을 달콤한 자기합리화로 덮어버리는 존재다. 예컨대 주식 투자로 돈을 잃으면 '좋은 경험이었어!'라며 웃어넘기고, 밤새 게임하다 시험을 망치면 '스트레스 해소했잖아!'라고 해석하려 든다. 이것이 바로 결과의 무게는 외면하고 과정의 작은 이득에만 집중하여 자신의 마음을 달래려는 경향을 의미한다.

우리에게는 자신이 원하는 것을 얻기 위해 울고 떼쓰는 아기처럼 자신의 모든 선택과 언행을 무조건 정당화하려는 경향이 있다. 그리고 인간은 자신이 저지른 실수에 '나름대로 최선을 다했어!'라는 자존감 프레임을 씌우곤 한다. 이는 선택의 책임은 피하면서 기억 속에서만큼은 괜찮은 사람으로 남고 싶은 역행적 심리로, 행동에 대한 비판은 피하고 위로와 공감만을 갈구하는 이기심의 단면이다.

여기서 반드시 인지해야 할 것은 자기합리화라는 핑계는 패스트푸드처럼 당장의 편안함을 줄지 모르나, 결국 자기기만이라는 씁쓸한 결과를 낳는다. 이러한 기만은 서서히 삶을 속이는 굴레가 되어 진정한 삶을 방해하게 될 것이다.

잘못을 덮으면
벌어지는 일

자기 잘못을 덮기로 마음먹는 순간, 전화벨 소리는 섬뜩한 경보음처럼 들리고 뒤에서 누군가 부르면 심장이 발바닥까지 내려앉는 기분이 든다. 게다가 피하고 싶은 대화 주제가 나오면 얼굴은 순식간에 토마토처럼 익어버릴 뿐만 아니라, 사소한 질문에도 심문받는 용의자처럼 목소리마저 미세하게 흔들린다.

'양심의 가책은 숨기려 할수록
더 많은 신체적 증상으로 배신한다.'

자신이 저지른 잘못을 감추려 시도하는 것은 구멍 난 양말을 신은 것과 같다. 아무리 발가락을 숨기려 애쓸지라도 결국 구멍 밖으로 발가락이 빠져나와 자신의 존재를 드러낸다. 마찬가지로 진실 또한 아무리 감추려 해도 언제나 자신의 모습을 드러내기 마련이다.

이처럼 진실을 덮고 거짓을 말하는 행위는 결국 또 다른 거짓을 낳는 도미노가 될 수밖에 없다. 더욱이 거짓은 시간이 지날수록 바람 부는 날의 산불처럼 점점 커지기 때문에 진실을 마주할 용기를 끝까지 내지 않는다면 죽을 때까지 불안에 떨며 숨어 살아야 한다.

죄책감을 동반한 이런 불안은 평온했던 일상을 서서히 갉아먹는 것은 물론이고 심리적, 신체적 이상 증세로까지 이어져 자신을 괴롭히고 위축시키는 고통스러운 결과를 초래한다. 그래서 잘못을 감추려는 순간, 진실은 그림자가 되고 거짓은 태양이 되는 것이다.

제대로 된 평등

왜곡된 평등을 주장하는 자는 게으름과 결탁하고 무능함과 담합한 상태로, 이런 사람은 자신이 하고 싶은 것만을 주장할 뿐 스스로 돈을 벌려하지 않는다. 하지만 진정한 평등을 주장하는 사람은 부지런함과 연대하고 노력과 손잡은 상태로, 자신이 하고 싶은 것을 위해 공정한 경쟁 시장에서 충실하게 자신의 미래를 개척한다.

'경쟁 없는 평등은 은밀한 착취이며, 공평치 못한 분배이다.'

진정한 평등은 공정한 경쟁을 통해 완성된다. 예컨대 피자를 만들기 위해 반죽을 하고, 토핑을 올리고, 오븐에 굽는 모든 과정을 함께한 사람만 피자 한 조각을 요구할 정당한 자격이 있다. 그리고 바로 이 자격이 진정한 평등의 전제다.

반면, 왜곡된 평등을 주장하는 사람은 반죽은커녕 오븐도 만지지 않았으면서 "나도 한 조각 줘!"라며 항의하는 사람과 같다. 그런 사람은 노력 없이 결과를 얻으려는 이기심을 평등이라는 이름으로 포장하며, 진짜 평등과 가짜 평등을 구분하지 않고 동일하게 취급하는 그릇된 인식을 가진 자이다.

또한 왜곡된 평등을 주장하는 사람은 자신의 필요에 따라 경쟁과 평등의 의미를 뒤집는다. 실제로 부자의 돈을 나누는 것이 진정한 평등이라고 주장하며 없는 이들을 선동한다. 하지만 우리가 명확히 알아야 할 엄연한 사실은 모두의 노력이 전제될 때 평등은 자연스럽게 실현된다는 것이다.

진정한 평등은 단순히 결과를 똑같이 나누는 것이 아니라, 모두가 공정하게 노력할 기회와 경쟁을 통해서 이뤄진다. 그리고 그 경쟁으로 인해 발생하는 소득 격차야말로 사회를 발전하게 만드는 진정한 밑거름이다.

괜찮지 않은 평화

"괜찮아!"라는 말로 부부 사이의 문제를 덮는다고 해서 이불 속 먼지처럼 문제가 사라지는 것은 아니다. 오히려 사람들은 그 회피를 사랑이라 포장하고, 육아라 합리화하고, 정(情)이라 정당화한다. 하지만 이는 평화가 아니라, 침묵에 기댄 협상이다. 결국 싸우지 않는 부부는 평화로운 게 아니라 대화가 끊긴 사이일 뿐이다.

> **"부부 사이에서 넓은 아량처럼 말하는 '괜찮아!'란
> 모른척하는 회피의 번역어일 뿐이다."**

불행을 끌어안고 사는 부부를 보면, 진실을 외면하며 행복한 것처럼 침묵하는 믿음이 자신을 속이는 위선인 줄 알면서도 일부러 모른 척한다. 게다가 터지기 직전의 진실을 가리기 위해 온갖 핑계를 동원한다.

이런 태도의 근본 이유는 책임, 의무, 주변의 시선, 자존심 등을 핑계 삼아 애정인 듯 포장하고, 가족 간의 정이라는 명분으로 합당함을 외치고 싶기 때문이다. 그 결과, 겉으로는 행복한 척하는 잉꼬부부로 보일지라도 부부라는 관계가 주는 무게는 감당하지 못한다.

이런 문제는 부부간의 사랑이 식은 게 아니라, 진실을 마주할 용기가 사라진 것이다. 실제로 오랫동안 참아왔던 감정이 어느 날 갑자기 폭발하는 이유는 문제점을 몰라서가 아니라, 너무 많이 알고 있었기 때문이다.

행복한 부부의 평화는 문제를 직면하는 용기와 그것을 반복하는 습관에서 비롯된다. 사소한 감정의 먼지라도 모른 척 덮어두면 관계는 정체된다.

부부 사이의 평화는 그저 참는 것이 아니라, 불편하더라도 솔직한 대화를 통해 얻는 것이니만큼 찝찝한 감정이 생기거든 그때그때 청소기로 흡수하듯 해소하는 것이 맞다.

**무심함 뒤에
숨은 갈증**

요즘 사람들은 타인들로부터 이목과 인정을 넘어 수익까지 갈구하면서도 겉으로는 자기만족을 앞세워 무덤덤한 태도로 아닌 척한다. 이는 관심으로 채우고 싶은 빈 항아리를 초연함이라는 허울로 가린 채 "이미 가득 차 있다"라고 우겨대는 모습과 다르지 않다.

**"빈 잔을 가졌으면서도 '가득 차 있다'라고 말하는 사람은
갈증을 자랑으로 여기는 어리석음을 택한 것이다."**

"난 관종이 아니라서 남들에게 인정받지 않아도 돼"라면서도 SNS에 셀카와 영상을 올리고, 댓글 알림이 뜨면 은근히 흐뭇해하는 사람이 우리 주변에는 많다.

예컨대 멋진 카페 사진을 올린 지 얼마 되지 않아 습관적으로 휴대폰을 확인하며 하트, 댓글이 얼마나 달렸는지 확인한다. 그런데 친구가 "하트는 많이 달렸어?"라고 물으면, "난 그런 거 신경 안 써. 그냥 기록하려고 올린 거야"라고 시큰둥하게 답한다. 이런 말본새는 타인의 반응에 민감하지 않은 척하면서 자신의 욕구 부정과 자존심까지 보호하고 싶은 민낯에 불과하다.

타인의 평가에 초연한 척하는 사람들을 보면, 핸드폰을 보는 척하며 헤어스타일을 고치거나 걷다가 거울처럼 비치는 곳만 있으면 힐끗 쳐다보며 스타일을 확인한다. 게다가 의미 없는 내용을 보면서도 괜히 바쁜 척하는 모습은 얇은 옷 때문에 추우면서도 괜찮다고 말하는 것과 다르지 않다.

이런 사람들은 인정받고 싶지 않은 게 아니라, 인정받고 싶은 마음을 들키고 싶지 않은 것뿐이다.

숭고하지 않은
희생

언뜻 들으면 "너를 위해 내 꿈을 포기했어"라는 말은 숭고한 희생처럼 느껴진다. 하지만 조금만 파헤쳐보면, 내 꿈을 이룰 확률이 낮다는 고백과 다르지 않다. 이 말은 성공 확률 높은 꿈을 가진 상대방에게 자신이 희생을 통해 도움 줬다고 믿고 싶은 사람의 이기적인 표현이다.

'숭고한 표현으로 덧칠한 희생은
책임을 전가하려는 감정 명세서다.'

"너를 위해"라는 말은 미담처럼 들릴 수 있다. 하지만 이 말을 소리 내어 말하는 순간, 그것은 거래 영수증을 내미는 행위와 같아진다. 왜냐하면 자신의 희생을 강조함으로써 상대에게 미묘한 부담감을 안기기 때문이다.

이는 마라톤 결승선 앞에서 "나도 금메달 후보였지만, 응원에 집중할게”라고 말하는 것과 다르지 않다. 사실 자신의 한계나 좌절을 희생이라는 빨간색 리본으로 묶은 후, 상대를 위한 선물이라며 건네는 미묘한 가식과 다를 바 없기 때문이다.

정말 용기 있는 사람이라면 “내 부족함을 네 성공 뒤에 숨길게”라고 말하지 않는다. 오히려 “나는 내 길, 너는 네 길”이라면서 건강하게 인정할 뿐이다. 남의 트로피에 내 이름을 새기려는 행위는 진짜 희생이 아닌, 이타심을 빙자한 본전 찾기에 불과하다. 더욱이 상대가 요청하지도 않은 희생을 먼저 언급하는 행위는 자신의 이기심을 드러내는 동시에 검증되지 않은 자기만족이자 일방적인 착각일 뿐이다.

나의 성공이 남의 꿈에 올라탄 덕일 수 없듯, 희생이라는 미명도 이기심의 또 다른 얼굴이 돼서는 안 된다.

무책임한 변명과
개선 없는 사과

어떤 사람들은 "내 성격이 원래 좀 이래"라는 자기 비하로 책임을 회피하면서 "미안!"이라는 빈말만으로 상대의 상처가 아물길 바란다. 하지만 이는 봉합해야 하는 상처를 큰 붕대로 덮어두는 것과 같아서 사실상 동정을 유도하는 교활한 잔꾀에 불과하다.

**'거즈로 잘못을 덮으면
감정은 가려져도 신뢰라는 염증은 더 곪는다.'**

잘못을 성격 탓으로 돌리면서 "미안해!"라는 순간의 진심만으로 자신의 책임을 덮으려는 태도는 흰개미가 파먹은 집 기둥에 니스칠만하고 보수 완료라고 말하는 꼴이다. 게다가 자신의 잘못을 시인하지도 않으면서 "괜찮아지겠지!"라는 착각을 믿으며 스스로 착한 사람 행세를 하는 것은 더 큰 문제다.

예컨대 여행 안내를 맡은 사람이 길을 잘못 들고도 "저는 항상 이렇게 다녀요!"라고 말하거나, 일정에 큰 차질을 일으켜 손해를 끼치고도 "죄송합니다"라고 말하면 다 끝난다고 생각하는 사람들이 바로 그런 경우다.

그런데 세상의 상식은 그리 어렵지 않다. 비가 오면 누구나 우산을 펴는 것처럼, 벽에 누수가 발생했다면 밸브를 잠근 후 어디서 물이 새는지 확인한 다음 손상된 구간을 교체하면 된다. 말로 하는 사과가 밸브를 잠그는 것까지라면, 재발 방지 계획과 실천은 교체에 해당한다.

따라서 길 안내를 잘못했다면, 잘못 안내한 것에 대한 인정을 시작으로 정중한 사과와 함께 책임을 지겠다는 태도까지 보이는 게 상식이다. 이렇듯 진정한 사과는 바위처럼 무겁기에 남발할수록 의심이 싹튼다는 것을 알아야 한다.

조작된 합리화

우리는 종종 "이미 너무 멀리 와서 어쩔 수 없어"라고 말할 때가 있다. 이때 '어쩔 수 없다'라는 말은 돌이키기엔 버겁고 진실 앞에 서기엔 무섭다는 뜻이다. 이 말은 '이미 늦었다'라는 절대적 평계를 이용해 자신이 위로받아 마땅한 약자인 척하려는 치사한 수작에 불과하다.

'이미 늦었다는 말은
가고 싶지 않은 쪽을 정당화하는 파렴치한 핑계다.'

'어쩔 수 없다'라는 말은 우리가 할 수 있는 여러 가능성을 외면하고, 자신이 하고 싶은 대로 하려는 마음에서 비롯된 가장 치밀한 자기 합리화다. 마치 거부할 수 없는 운명 앞에 놓인 비극의 주인공을 자처하며, 스스로를 무력한 피해자로 설정하는 교묘한 연출과 다르지 않다. 그러나 아무리 핑계의 이불을 덮고 피해자인 척 누워 있는들 그 알맹이가 비루한 변명이라는 사실은 변하지 않는다.

다시 말해 '어쩔 수 없다'라고 믿는 순간 우리는 행동을 멈추게 되고, 행동이 멈췄기 때문에 변화는 당연히 일어나지 않는다. 결국 변화가 없으니 진짜로 아무것도 할 수 없었던 것처럼 믿게 되는 굴레에 스스로 갇히는 꼴이다.

하지만 인생은 후진 없이 질주하는 자동차 게임이 아니기 때문에 언제든지 브레이크를 밟고 핸들을 돌릴 기회는 있다. 그러니까 인생 고객센터에서조차 환불 안 되는 "어쩔 수 없다" 같은 말은 그만하고 지금 당장 움직이면 된다. 그 순간 "어쩔 수 없다"라는 변명은 더 이상 아무것도 아닌 게 된다.

끌려가는 것과
끌고가는 것

미련은 망설임의 다른 이름이자 버린 것을 그리워하는 마음인 반면, 선택은 확신의 다른 이름이자 골라낸 하나에 집중하는 의지이다. 또한 미련은 과거를 붙잡고 있는 뒤처진 손이고, 선택은 미래를 향해 나아가는 단호한 발이다. 그래서 미련은 뒤를 보는 습관일 뿐이고, 결단은 앞을 보는 용기인 것이다.

**'미련은 떠난 기차에 손을 흔드는 행동이고,
선택은 탄 기차에서 창밖을 보는 시선이다.'**

　미련이란 지난 결정을 돌아보는 행위로, '그때 이 길로 가지 말걸!', '조금만 더 걸어볼걸!'과 같이 후회하거나 '지나치지 못한 그 길목이 더 아름답게 보이네'와 같이 아쉬워하는 마음이다. 이런 미련은 주저하는 자의 변명이며, 후회와 아쉬움으로 가득 찬 패배자의 그림자이다. 더 나아가 이는 고통과 인내를 강요하는 형벌인 동시에 포기와 패배를 인정하게 만드는 주문과도 같다.

하지만 선택은 미련과 달리 '이 길이 내 길이야!'라는 확신을 가지고 다시 생각하지 않는 태도로, 이는 곧 내 선택에 대한 존중이기도 하다. 게다가 선택은 단호한 자의 특권이며, 자신감과 성취감으로 가득 찬 승리자의 깃발과 같다.

이처럼 선택은 확신의 얼굴을 하고 있지만, 미련을 내려놓은 용기와 의지가 있을 때 비로소 완성된다. 그리고 선택이란 가장 빛나는 길을 택하는 것이 아니라, 택한 길을 가장 빛나게 만드는 용기 바로 그 자체다.

결실의 대가

따스한 햇볕을 누리려면 검은 기미를 감수해야 하고, 높은 산에 오르려면 버거운 숨을 견뎌야 한다. 마찬가지로 풍성한 수확은 손마디의 굳은살을 대가로 치러야 하며, 달콤한 꿀은 벌침의 고통을 견뎌야 얻을 수 있다. 그뿐만 아니라 우람한 근육은 관절의 비명을 감수해야 하고, 잘록한 허리는 쫄깃한 식감부터 단념할 준비를 해야 한다.

**'원하는 결과가 크다면 각오와 준비도
그만큼 커야 하는 것이 공정 거래다.'**

누군가 '안정적인 노후를 위해 재정적 독립을 이루고 싶다'라고 생각했다면, 그는 돈 걱정 없는 미래를 꿈꾸는 사람일 것이다. 그러나 그 꿈을 이루려면 가장 먼저 소비를 절제하는 노력부터 감수해야 한다.

예컨대 친구들이 값비싼 차를 사고 명품 가방을 자랑할 때, 본인은 낡은 차를 타거나 땀 흘려 걷기를 즐겨야 한다. 당장 사고 싶은 것을 참는 욕구 억제와 불편함을 견디는 것이 먼저라는 뜻이다. 나아가 남들이 주말에 편히 쉴 때, 땀 흘리며 부업하고 투자 공부와 같은 노력까지 투입해야 한다. 이런 희생을 꾸준히 감내할 때 비로소 재정적 자유라는 목표에 한 걸음 더 다가갈 수 있다.

마찬가지로 '유명한 스타가 되고 싶다'라고 꿈꾸는 사람이 있다면, 그는 자신의 프라이버시조차 일부 포기할 각오부터 해야 한다. 얻음이 있으면 잃음이 있는 법이다. 누구나 이 이치를 알고 있지만, 문제는 그저 아는 데 그치고 여전히 잃을 각오는 하지 않은 채 바라기만 한다는 것이다.

원하는 것이 크면 클수록 그에 상응하는 노력과 희생이 필요하다는 사실을 알고만 있지 말고 절실히 체감해야 한다. 그리고 잃을 각오 없이 바라기만 하는 건 불로소득이 평등한 기회라고 부르짖는 것과 다를 바 없다.

'언젠가 쓰겠지!'라며 서랍을 채운 잡동사니가 먼지 공장을 차리고, '언제가 입겠지!'라며 옷장을 채운 티셔츠는 곰팡이 농사를 짓는다. 또한 '언젠가 마주해야지!'라며 꾹 눌러둔 과거는 서서히 굳어 흉터가 되어간다. 이처럼 습관성 미룸은 당장 편하게 느껴질지 몰라도 결국 과거를 발효시켜 우리의 현재를 눅눅하게 만든다.

"늘 '언젠가'라면서 미루는 습관은
오늘의 뽀송한 솜털에 물을 먹이는 행위다."

누구나 한 번쯤은 쓰지 않는 파일이 컴퓨터나 휴대폰의 저장 공간을 가득 채우는 경험을 한다. '언젠가 필요할지도 몰라'라는 생각에 쌓아둔 데이터들은 정작 제 역할을 하지 못한 채 기기의 속도만 늦출 뿐이다. 문제는 여기서 그치지 않는다. 불필요한 파일 탓에 저장 공간을 추가로 결제해야 하거나 새로운 기록조차 못 담는 경우까지 발생한다.

심지어 방치된 낡은 파일 속에 숨어든 악성코드가 소중한 자료 전체를 망가뜨리는 위험을 초래하기도 한다.

우리 마음 역시 마찬가지다. 제대로 정리하지 못한 과거의 감정이 쌓이면 미련의 무게만 늘어날 뿐, 정작 소중한 현재의 기운은 소진되고 만다. 우리는 흔히 "아직 버릴 때가 아니야"라며 감정을 방치하지만, 외면한 삼성은 시산이 흐를수록 마음의 이자를 불러 결국 부담이라는 독촉장을 보낸다.

버리는 행위는 단순히 손발을 움직이는 청소를 말하는 게 아니라, 고도의 감정적 결단력을 요구하는 일이다. 지금 비우지 않으면 나중에는 버릴 용기조차 사라진다는 것을 알아야 한다. 그래서 더 많이 소유하기 위해 쌓아두는 게 아니라, 더 자유로워지기 위해 기꺼이 비워내는 용기를 가져야 한다.

부의 굴레가
뒤집는 정의

세상은 부자에겐 뭐든지 미룰 수 있는 해방의 증표를 주고, 가난한 자에 겐 뭐든지 견디라는 책임의 짐을 지운다. 또한 부자에겐 황금 열쇠를 쥐 여주며 책무를 미루게 하고, 가난한 자에겐 철의 족쇄를 채워 권리마저 미루게 한다.

'부자에겐 선택이라는 기회가 부여되고,
가난한 자에겐 인내라는 시간이 부여된다.'

세상살이라는 저울 한쪽에는 부와 권력을 가진 자들의 특권이 번쩍 이고, 다른 한쪽에는 가난하고 힘없는 이들의 책무가 무겁게 놓여 있 다. 이런 세상살이는 부유한 이들에게는 햇살처럼 따뜻한 특권을 누리 게 하고, 가난한 이들에게는 싸늘한 바람처럼 책무라는 그늘에서 시리 도록 춥게 만든다.

어쩌면 세상은 특급 호텔의 엘리베이터와 같을지 모른다. 돈 많은 사람들은 골드 카드를 가지고 있기 때문에 의료실 버튼을 누르면 '잠시 후 운행합니다'라는 메시지와 함께 층마다 서지 않고 직행할 수 있다. 하지만 가난한 사람들은 일반 카드를 가지고 있기 때문에 의료실 버튼을 아무리 눌러도 골드 카드 사용 중에는 '서비스 준비 중입니다'라는 메시지와 함께 계단 이용 안내 화면만 번쩍이는 것을 보게 된다.

중요한 것은 모두가 공평하지 않은 엘리베이터의 작동 방식을 알고 있지만, '나도 언젠가 골드 카드를 가져야지!'라고 생각할 뿐이라는 것이다. 즉, 불공평한 구조를 바꾸려 하기보다 그저 그 구조 안에서 더 나은 자리를 차지하려 애쓴다는 것이다. 태양이 동쪽에서 떠올라 서쪽으로 지는 것처럼.

허세에 붙인
화려한 라벨

내세울 게 없는 사람일수록 자신의 깐깐함을 예리한 분석력이라 말하고, 터무니없는 발상을 획기적인 창의성이라 말한다. 게다가 아무런 노후 대비도 하지 않았으면서 현실적이라 주장하고, 대책도 없으면서 낙천적이라며 자기 최면에 빠진다.

'따질 땐 프로면서 행동은
아마추어인 사람들의 자기소개는 늘 길다.'

내세울 것이 없는 사람일수록 크고 바삭한 튀김옷 안의 작은 새우일 가능성이 크다. 그들은 엉뚱한 트집 잡기를 예리한 통찰력으로 포장하고, 황당무계한 이론을 독창적 사고라며 설명부터 앞세운다.

심지어 진짜 아무것도 없으면서 자신은 미니멀리스트라 말하고, 준비 안 된 것을 철학이라면서 자신감을 내뿜는다. 자신의 무능함과 게

으름을 현실주의로 둔갑시키는 것은 물론이고, 먹다 남은 햄버거밖에 없는 냉장고를 가리키며 자신을 미식가라 자랑하는 것을 당연시한다.

이런 태도 탓에 그들은 허세를 전략이라 여기고, 무계획을 낙천이라 착각한다. 즉, 방임을 인정하지 않는 이상한 주장이 옳다고 믿으며 매일을 그냥 산다. 이처럼 자신을 미사여구로 치장하기 바쁜 사람들의 공통점은 서울 앞에서는 왕이지만, 거울 밖에서는 걸인에 불과함을 자신만 모른다.

**유치한
자기 위안법**

패배를 승리로 둔갑시키는 사람은 자기 눈을 스스로 가린 채 비겁하게 걷는 것과 같고, 양보의 미덕을 자랑하는 평화주의자는 무대 뒤에서 박수만 치는 겁쟁이와 다를 바 없다. 그럼에도 그들은 자기 객관화라는 거울과 마주하기를 거부하며, 패배와 두려움으로부터 필사적으로 도망치는 약자라는 것을 인정하지 않는다.

**'참을성과 양보가 미덕의 옷을 입으려면,
두려움이 없어야 한다.'**

"지는 게 이기는 것"이라며 쓴웃음을 짓는 사람은 사실 싸우기 싫어 도망친 것을 전략적 후퇴로 포장하는 겸손한 비관론자에 가깝다. 그들은 속으로는 억울해하면서도 겉으로는 성인군자인 척 행세할 뿐이다.

마찬가지로 양보의 미덕을 갖춘 평화주의자라고 자신을 소개하는 사람 역시 소심한 본성을 감추려는 위장술을 쓰는 것이다. 이러한 태도는 앞에 나서면 불편해지거나 비난받을까 봐 두렵기 때문이다.

예컨대 정당하게 권리를 주장해야 할 상황에서조차 "좋은 게 좋은 거지"라며 슬그머니 물러서는 이들이 그들이다. 이들은 자신의 무력함을 배려라는 고상한 이름으로 포장하며 갈등으로부터 비겁하게 도망친다.

두려움을 긍정적인 생각 전환쯤으로 여기고, 회피를 미덕처럼 가장하는 행위는 용기 없는 자가 자신을 감추려는 철학적 은폐술일 뿐이다. 결국, 순하고 좋은 사람이라는 커튼 뒤에 숨어 현실의 불편함과 마주하기를 회피하는 것에 불과하다.

선의적 명분의
모순

평화 수호 명목으로 전쟁을 일으키고 환경 보호 명목으로 처녀림을 파헤치는 것은 옳지 못한 수단으로 얻은 승리로, 심장을 헤치며 건강을 챙기는 것과 같다. 아무리 좋은 명목일지라도 이상한 방법을 갖다 붙이는 행위는 등불을 밝히겠다며 남의 등잔을 훔치는 것과 다를 바 없다.

'좋은 의도를 면죄부로 사용하는 것은
진흙으로 거울을 닦는 것이다.'

선한 목적을 이루기 위해 부정한 수단을 사용하는 건 아름다운 정원을 가꾸겠다며 길거리의 야생화를 뿌리째 뽑아 오는 것과 같다. 혹은 목마른 부모님께 깨끗한 물을 드리기 위해 남의 집 정수기 필터를 훔치는 행위와 다를 바 없다.

아무리 좋은 결과를 얻더라도 과정이 부당하면 욕을 먹기 마련이다.

피자 위의 고소한 치즈 토핑이 아무리 맛있더라도 그것이 불법적인 방법으로 얻은 것이라면 토핑 없이 먹는 피자 맛만 못한 것과 같다. 옳지 않은 방식으로 얻은 결과는 일시적인 만족을 줄 뿐 결국 씁쓸한 뒷맛을 남기기 때문이다.

좋은 명분이 잘못된 수단을 만나면, 그것은 선의가 아닌 위선이 된다. 명분이 아무리 고상해도 수단이 비열하면 정의가 아니라 자기기만이며, 목적과 방법이 충돌하는 자기파괴적 행동에 불과하다.

따라서 아무리 아름다운 목적이라도 그것을 이루는 과정이 더러우면, 그건 선을 행한 게 아니라 악을 정당화한 것일 뿐이다.

어쩔 수 없는
배신

배신은 계단을 오르듯 한 발씩 디디며 전진할 수 있는 행위가 아니다. 배신은 워터슬라이드처럼 한 번 디디면 다시는 거슬러 올라올 수 없다. 그래서 어쩔 수 없이 결정한 배신이거나 합리화된 선택적 배신이란 존재하지 않는 것이다.

'변명에 진심을 담는 것은 배신의 마지막 모욕이다.'

배신은 유통기한 지난 우유와 같아서, 아무리 괜찮다고 말하며 변명해봐도 뚜껑을 여는 순간 퍼지는 냄새는 숨길 수 없다. "어쩔 수 없었어"라는 말은 상한 우유를 이미 한 모금 마신 뒤의 후회일 뿐이다. 그 말은 '부득이하게 할 수밖에 없었어'가 아닌, '그럴 마음이 있었어'의 번역문에 지나지 않는다.

가령 친구에게 중요한 비밀을 털어놓았는데, 그 말이 점점 퍼져서 다른 사람 입에 오르내렸다고 해보자. 이때 "미안해, 어쩔 수 없었어" 라고 변명하는 것은 배신을 실수라고 말할 뿐, 마음의 중심이 이미 한 발짝 떠나 있었다는 증거다.

배신이라는 건 친구의 아이스크림에 침을 한 번 묻힌 것과 같다. 즉, 아무리 목이 말라서 어쩔 수 없었다고 변명해도 이미 그 아이스크림엔 다시 입 대기 꺼려질 만큼의 불신이 생겨버렸다는 의미다. 그래서 거짓말과 배신을 비가역(非可逆)적인 행위라고 일컫는 것이다.

말하지 않는 자의
책임

평온이라는 살얼음판 위를 조심스레 걷는 우리는 그 아래 흐르는 차가운 진실의 강물에 빠질까 봐 진실을 외면한 채 침묵하곤 한다. 그렇게 진실을 피해 선택한 평화로운 무관심과 방관하는 침묵은 입 닫고 있는 공범과 다를 바 없다. 왜냐하면 이는 결국 용인(容認)을 넘어서는 또 하나의 가해 행위이기 때문이다.

**'무관심은 악을 때리지 않는 주먹이 아니라,
악을 키우는 요람이다.'**

평온이라는 소파 속에 숨겨져 있는 용수철의 삐걱거림을 외면하는 것은 지하철 안에서 누군가 고성방가 중인데도 모두가 침묵하는 상황과 크게 다르지 않다. 시간이 지날수록 문제는 더 심각해지는데 누구 하나 정의로운 발언을 하지 않아서 모두가 불편함을 받아들여야 하는 상황이 되기 때문이다.

누군가 잘못을 저질러도 "괜히 나섰다가 피곤해질까 봐"라며 침묵한다면, 그 잘못은 점점 커져 결국 다른 사람을 거쳐 나에게까지 영향을 미치게 된다. 따라서 그런 방관적 침묵은 중립이 아니라 조용한 동조이기에 말하지 않는 선택이 사회의 병을 키우는 비료가 된다는 사실을 우리는 직시해야 한다.

불편한 진실을 외면하고 침묵하는 것은 아픈 사랑니를 뽑지 않고 버티는 것과 같다. 당장의 통증이 두려워 방치할수록 주변 치아와 잇몸까지 손상되어, 결국에는 처음보다 훨씬 큰 고통과 대가를 치르게 된다.

이처럼 그릇된 침묵은 상황을 개선하기는커녕 모두를 위험에 빠뜨리는 이기적인 선택임을 깨달아야 한다.

배려라고
착각하는폭력

감정이 식어 대화마저 끊긴 사이가 세상에서 가장 비정한 관계다. 이별을 결심하고도 숨기는 건 예고 없는 배신이며, 미안하다는 핑계로 입을 다무는 건 잔혹한 방치다. 그래서 이별은 부패한 감정을 과감히 도려내는 결단이어야 한다. 그 단호한 실행이야말로 상대에겐 배려가 되고, 나에겐 해방이 된다.

**'이별을 미루는 치사한 친절은 휴전이고,
어렵게 꺼낸 정직한 이별은 종전이다.'**

이별을 결심하고도 상대에게 알리지 않은 채 관계를 이어가는 것은, 상대의 상처를 자동 결제처럼 누적시키는 일과 같다. 그러므로 한 번 이별의 칼을 뽑아 들었다면, 단호함이라는 기술로 단칼에 매듭을 끊어야 한다.

물론 그런 단호함이 때로는 잔인하게 보일 수도 있다. 하지만 우유부단함이라는 가면을 쓰고 관계를 질질 끄는 위선보다 명확한 마침표를 찍는 것이 상대에게는 훨씬 더 선한 태도다. 마치 병든 나무를 뿌리째 뽑아내는 것이 잔혹함이 아니라, 더 큰 병을 막기 위한 선택인 것처럼.

결국 이별이 두려워 침묵으로 회피하는 것은 비난받을 용기가 없어서 이별을 미루는 게 배려라고 착각하며 겁쟁이처럼 숨어 있는 변명일 뿐이다.

사랑했던 사람이 더는 시간을 허비하지 않도록 결정을 명확히 알리는 행위야말로 상대의 남은 삶을 존중하는 진정한 수호자다.

과거를 포장하는 사람이
불쌍한 이유

확인할 길 없는 옛 공적에 금박을 입히는 사람은 세월이 접착제가 되어 허풍이 곧 추억으로 굳어버린다. 결국 그는 아무도 없는 궁궐 안에서 종이로 만든 왕관을 쓴 채 홀로 박수 치는 고립된 군주가 된다.

'과거는 포장할수록 티 나고,
묵힐수록 진심은 드러난다.'

　허세로 과거를 포장하는 행위는 시간이 흐를수록 객관적인 자신을 보지 못하게 만드는 왜곡된 프레임이 된다. 검증되지 않은 과거를 반복해서 과장하다 보면, 결국 자신조차 그 허구를 진실로 믿는다. 그러나 이는 타인에게 닿지 않는 공허한 독백일 뿐이며, 진실 없는 자아는 하객 없는 결혼식장에 홀로 남겨진 주인공처럼 처량하게 고립될 수밖에 없다.

과거를 황금으로 도금하려는 사람은 화려한 겉면 아래 감춰진 자신의 초라한 실체를 망각하곤 한다. 정작 주변 사람들은 그 가벼운 본질을 알기에 냉소하고 있음에도 오직 본인만 그 사실을 모른 채 연기를 지속한다.

이런 이들의 말은 마치 마술사의 공연과 같다. 관객들은 처음엔 화려한 트릭에 속아 환호하지만, 교묘한 수법이 탄로 나는 순간 그 공연은 더 이상 경이로움이 아닌 기만이 된다.

인간의 품격은 진실을 있는 그대로 담백하게 드러낼 때 비로소 살아난다. 진정한 가치는 겉치레가 아닌 내면의 단단함에 있기 때문이다. 특히 타인이 묻지 않은 과거를 굳이 먼저 꺼내어 과시하지 않는 절제야말로 자신의 품위를 지키는 가장 지혜로운 태도임을 잊지 말아야 한다.

외로운 약속

쌍방이 인정하는 행위는 약속이고, 어느 일방만 인정하는 것은 통보이다. 약속은 우리라는 합의에 기반하지만, 통보는 나만의 선언에 불과하다. 통보임을 알면서도 거듭된 다짐을 통해 억지로 얻어낸 약속은 쓸쓸하고 외로우며, 불쌍하고 수치스러워 자존심에 깊은 금을 남긴다.

'약속은 둘이 함께 맞춘 시계이고,
통보는 혼자 울리는 알람이다.'

약속이란 두 사람이 손을 맞잡고 "우리 이거 꼭 지키자!"라고 하는 것이고, 통보는 어느 한 사람이 "그때까지 그곳으로 나와, 알겠지?"라고 말하는 일방적 요구다.

그래서 통보를 약속으로 착각하면, 그 약속은 혼자 하는 약혼처럼 외롭고 혼자 뛰는 농구 경기처럼 쓸쓸하다. 이처럼 일방적인 요구는 나에게는 불안감을, 상대에게는 부담과 거부감만을 안겨줄 뿐이다.

심지어 거듭된 다짐 끝에 겨우 잡은 약속마저 지켜지지 않으면, 단순한 외로움이나 쓸쓸함을 넘어 무시당했다는 기분에 자존심이 상하고 수치심마저 느끼게 된다. 반면, 약속은 서로의 동의와 합의를 바탕으로 이루어지기에 신뢰와 안정감을 준다.

여기서 주목해야 할 점은 상처받은 자존심이나 수치심 그 자체에 집중할 게 아니라, 평소 그 사람에게 신뢰와 존중을 충분히 건네왔는지 되짚어보아야 한다는 것이다.

꿈이 무너질 위기라면 사소한 장애물에 에너지를 소진하지 말자. 어차피 포기해야 할 순간이라면 작은 웅덩이보다 태평양에서 다이빙하는 편이 낫다. 더 나아가 희생이 불가피하다면, 당신의 이야기가 전설로 남을 수 있는 곳에서 희생하는 게 낫다.

'자잘한 방해에 지는 것은 패배지만,
큰 목표에 맞서다 지는 것은 서사다.'

현대 사회에서 필요한 생존 기술은 고난을 피하는 능력이 아니라, 어디서 누구에게 당할지 전략적으로 선택하는 안목이다. 살면서 어차피 희생과 고통을 피할 수 없다면, 가치 있는 곳에서 전략적으로 당하는 법을 배우는 게 낫다. 즉, 끌려다니는 인생이 아니라 감당할 고통조차 스스로 선택하고 책임지는 주체적인 삶을 살아야 한다는 의미다.

따라서 하찮은 사람의 깎아내림이나 이득 없는 곳에서의 수모에 흔들리지 말고, 당신의 가치를 알아볼 사람의 날카로운 일침에 귀 기울여야 한다.

예컨대 성장 가능성도 없고 배울 것도 적은 직장에서 온갖 스트레스를 억지로 견디며 버티는 것은 명백한 소모전이다. 그럴 바엔 차라리 압박은 크더라도 성장 가능성이 보이는 무대에서 비판받으며 좌절하는 것이 낫다.

결국, 어디서 어떤 고난을 겪느냐에 따라 그것은 비루한 흉터가 되기도 하고 훈장 같은 성장의 흔적이 되기도 한다.

위선자들은 진실 왜곡 능력자다. 그들은 동등을 외치면서 특권을 누리려 하고, 사회 공의를 꿈꾸면서 불균형을 정당화하며, 경쟁을 외치면서 자기 자녀의 특수한 열외를 도모한다. 민주 절차를 지지하면서 다양한 의견을 무시하고, 자유 사회를 표방하면서 독재를 지지한다. 결국, 그들의 모순적 주장은 보편적 가치를 방패 삼아 자신의 이기심을 관철하려는 언어유희에 불과하다.

'공의는 원하는 것을 얻기 위한 휘장이고,
자유는 이중성을 가리는 알리바이이다.'

　동등을 외치는 자는 VIP 라운지로 직행해서 포도주를 즐기고, 불균형을 비판하는 자는 사회 공의의 베일 뒤에 숨어서 웃는다. 마찬가지로 민주적 절차를 수호하는 자는 다양한 목소리를 내는 이의 마이크를 빼앗고, 독재를 희구(希求)하는 자는 자유민주주의의 이상을 입으로만 부르짖는다. 이는 금연 구역 지정을 주장하면서 아무 데서나 담배를 피우고, 환경 보호를 주장하면서 일회용 제품을 남용하는 이중성과 다르지 않다.

인간은 거창한 명분을 내세우면서도 그 이면에는 오직 자신만의 편의와 이득을 위해 왜곡하려는 경향이 있다. 입으로는 숭고한 이상을 말하지만, 발밑은 자기중심적인 욕망으로 가득 차 있다는 밀이다. "모두가 평등해야 한다"라고 말하면서 자녀의 특례 입학을 조용히 알아보는 행위의 본심은 '내 가족만큼은 예외였으면' 하는 은밀한 특권 의식을 숨기고 있는 것이다. 마치 모두에게 동등한 크기의 케이크를 나누자면서 자기 것만 크게 자르는 심보처럼.

결국 동등은 특권을 위한 핑계이고, 공의는 불균형의 변명이며, 민주적 절차는 입을 막는 도구로 전락했다. 그래서 우리는 인정해야 한다. 우리가 외치는 숭고한 이상 안에 자신만의 독재가 깃들어 있음을.

결점
위장학개론

약점을 숨기려는 자는 진정성을, 아집이 센 폭군은 지도력을, 둔감한 자는 넘치는 포용력을, 탐욕스러운 자는 쉼 없는 열정을 활용해서 자신의 부정적인 지나침을 가린다. 그리고 나태한 자는 묵묵한 꾸준함을, 현실 도피자는 극한의 낙관을, 소심한 자는 극도의 세심함을, 자신감 없는 자는 과도한 겸양(謙讓)을 이용해서 자신의 모자람을 감춘다.

'우리의 강점은 약점이 화장한 얼굴이고,
장점은 단점이 입은 정장이다.'

사람들은 자기의 빈틈을 미덕으로 감쪽같이 둔갑시키려고 정직함, 사려 깊음, 겸손함 같은 단어들을 본래 뜻과 다르게 남용한다. 무례한 막말은 정직함으로, 비겁한 유약함은 신중함으로 둔갑시켜 단점을 훌륭한 자질인 양 위장한다. 이렇게 가공된 미덕은 결국 책임을 피하기 위한 비겁한 구실이 되는데, 이는 벽면의 낡은 얼룩을 페인트로 덧칠해서 감추는 것과 같다.

또 다른 예로, 칭찬을 받으면 "아니요, 저는 정말 진짜 많이 부족해요"라며 지나치게 자신을 낮추는 사람이 있다. 겉으로는 겸손해 보이지만, 실제로는 자신감 부족과 인정받는 것에 대한 부담을 겸허함으로 가리는 것이다. 여기서 문제는 성찰 없이 자아를 덮어버리면, 그 위장된 태도를 자신의 본모습으로 착각하기 시작한다는 데 있다.

그리고 그 착각은 정직을 날 선 막말처럼 무례한 것으로 변질시키거나, 겸손을 비굴한 자기부정으로 오해하게 한다. 그뿐만 아니라 신중함조차 두려움 때문에 정지선에 머무는 정체라고 해석하게 만든다. 하지만 우리가 믿어왔던 미덕을 조금만 더 깊이 들여다보면, 그 실체는 자기기만에서 벗어나 자신의 민낯을 마주하는 용기라는 사실을 깨닫게 된다.

색깔 말고
정체성

아무리 작은 불꽃이라도 불꽃은 불꽃이며, 불꽃이 작다고 뜨겁지 않은 게 아니다. 아무리 먼지처럼 작은 별이라도 별은 별이며, 별이 티끌만 하다고 빛이 없는 게 아니다. 아무리 하얗다 하더라도 거짓은 거짓이며, 작다고 만만히 보면 결국 손해 보게 되고, 슬프다고 믿어주면 속게 된다.

**'아무리 작은 불꽃이라도 천에 구멍을 내듯,
아무리 착한 거짓말이라도 신뢰에는 구멍이 난다.'**

흔히들 하얀 거짓말은 남을 생각하는 착한 마음에서 우러난 것이라고 포장한다. 하지만 상대의 의사는 묻지도 않고 스스로 결정해버린 거짓말은 진실을 내 멋대로 주무른 것일 뿐이다. 꿀단지에 설탕을 들이부어 꿀이라고 우기는 것처럼, 의도가 눈물겹다고 해서 그 모든 거짓이 선함이 될 수는 없다. 즉, 그 어떤 것도 본래의 정체를 바꿀 수 없다는 의미다.

이러한 하얀 거짓말은 일시적으로 깨끗하고 그럴듯하게 보일 수 있다. 하지만 그 거짓의 눈이 녹아내리면 한때의 순백은 흙탕의 비참한 실체로 드러날 뿐이다.

예컨대 아무리 정교하게 만든 위조지폐라도 가짜는 영원한 가짜다. 진짜 돈이 되려면 중앙은행의 검증을 거쳐야 하듯, 진짜는 정직이라는 필수 인증마크를 필요로 한다. 아무리 정밀한 위조품도 감별기 앞에서는 정체가 탄로 나듯, 거짓말 역시 시간이 흐를수록 진실과 벌어지는 간극을 숨기지 못한다. 그래서 진짜와 가짜는 결코 같은 무게가 될 수 없는 것이다.

손절의 미학

틀린 답인 줄 알면서도 지금까지 쏟아온 열정과 시간이 아까워 차마 버리지 못할 때가 있다. 이는 고장 난 시계에 매일 태엽을 감으며 언젠가 다시 돌아갈 것이라 믿는 헛된 희망과 같다. 이런 심리의 본질은 포기하지 않은 불굴의 의지가 아니라, 파국으로 향하는 위태로운 전진일 뿐이다.

'죽은 가지는 아무리 적셔도 꽃이 피지 않는다.'

뿌리가 썩어 싹조차 틔울 수 없는 나무에 고가의 영양제와 물을 주는 것은 정작 튼튼하게 자랄 수 있는 다른 나무를 키울 기회와 타이밍을 허비하는 짓이다. 이런 노력은 감정의 늪에 빠진 채 가망 없는 결과를 기대하는 무익한 소모전일 뿐이다.

이미 깨진 거울을 붙이며 예전의 모습을 되찾길 기대하거나, 갈변한

바나나가 다시 푸르게 되길 바라는 것 혹은 이미 꽝으로 확정된 복권을 매일 확인하는 행위는 부질없는 미련이자 공허한 집착이다.

물론, 사람은 누구나 잘못된 선택에 미련과 집착을 가지기 마련이다. 하지만 주변 사람들의 위로와 공감이 현실의 시간을 거꾸로 가게 만들지는 못한다. 지금이라도 잘못된 선택에 쏟아부은 시간이 아깝거든, 나를 구원할 기회는 지나간 잔여물이 아니라 온전히 남아 있는 미래의 시간임을 가슴에 새겨야 한다.

게으름을 쉼으로, 나태함을 충전으로, 미루기를 여유로움으로 말하는 사람은 어느새 무기력과 한 몸이 되어 목표는 침대에 눕고 열정은 잠들어버린다. 이처럼 현실을 왜곡하는 달콤한 궤변은 습관이 되어 무기력의 손가락에 결혼반지를 끼운다.

'휴식은 목표를 향한 재충전이지만,
게으름은 그 자체를 목표로 삼는다.'

침대가 유혹하는 휴식이라는 덫에 빠진 이들은 스마트폰으로 자기계발 영상을 보며 "난 지금 동기부여 중이야!"라고 말하지만, 행동이 필요한 그들의 열정은 "내일부터 할게"라고 중얼거리기만 한다.

이렇듯 쉬는 것을 충전이라 여기며 온종일 몸을 눕히고 있거나, 여유를 즐긴다며 한없이 늘어져 있는 사람들은 베개 밑에 목표를 숨기고 이불 속에 열정을 묻어버린다. 하지만 그들이 모르는 게 있다. 안락한 쉼이 길어지면 길어질수록 나쁜 습관으로 변해서 무기력을 집으로 불러들인다는 것을. 쉼은 에너지를 생산하기 위한 정거장이지, 방전을 정당화하는 변명이나 눕기 위해 만든 종착역이 아니다.

따뜻한 이불 속에서 꿈을 키우려는 것은 포근한 덫에 스스로 들어가는 것과 같다. 침대에 눕는 순간 식어버리는 열성은 게으름이라는 시멘트와 뒤섞여, 결국 나아가지 못하는 동상으로 변한다.

가짜가 만든
불쌍한 얼굴

살다 보면 양심과 규칙에 묶여서 마음이 끌리는 사람 앞에서도 무심한 척 연기를 해야 할 때가 있는데, 그 순간 거울을 마주하면 자신의 얼굴이 가장 안쓰럽다는 것을 알게 된다. 더 이상 초라해지기 싫다면, 숨기며 사는 것을 멈추고 규칙에 걸맞게 삶을 정리할 용기부터 꺼내야 한다.

'거짓은 사람을 속이지만,
진짜 괴로움은 자신의 눈동자를 속이지 못한다.'

본심을 숨기는 것은 가방 속에서 과자를 몰래 꺼내 먹는 상황과 같다. 겉으로는 태연한 척해도 바스락거리는 포장지 소리는 정작 자신의 귀에 가장 크게 들리기 마련이다. 타인의 눈은 잠시 속일 수 있을지 모르나, 그 기만적인 행위는 결국 자기 자신에게 가장 먼저 정체를 들키고 만다.

싫다는 말을 못 하고 억지로 웃는 얼굴, 화가 나도 괜찮은 척하는 태도, 불편한 관계를 정리하지 못하고 질질 끄는 우유부단함은 모두 본심을 숨기며 사는 삶의 궁색함과 이를 정리할 용기가 얼마나 절실한지를 보여주는 현실적 사례들이다.

타인의 시선을 의식하며 자신의 감정을 억압하기보다 '이 복잡한 상황에서 가장 현명하고 옳은 선택은 무엇인가?'라고 사문할 용기가 필요하다. 자신만의 명확한 기준을 세우고 나면, 더 이상 진실을 감추느라 속앓이할 이유마저 사라진다.

그래서 은폐는 불안을 낳지만, 직시는 정신적 자유를 가져다준다. 문제는 솟아나는 감정 그 자체가 아니라, 그 감정을 정직하게 대면하고 갈무리할 수 있는 용기의 크기에 달려 있다.

4

익숙함 속에서 낯섦을 발견할 때

: 습관적인 인식과 감정에서 나오는 길

춤추는 고래가 많은
바다의 위기

칭찬은 확실히 고래를 춤추게 했지만, 어느새 바다엔 칭찬만 기다리는 고래가 넘쳐난다. 그들은 박수 없이는 헤엄도 치지 않고, 관심 없이는 얼굴도 내밀지 않으며, 먹이 없이는 공중제비도 하지 않는다. 그래서 칭찬만 밀려오는 바다에서는 건강한 비판이 헤엄칠 수 없는 것이다.

'칭찬만 먹고 자란 고래는 스스로 헤엄치는 법을 잊어버린다.'

어느새 칭찬은 고래도 춤추게 만드는 마법의 조미료였지만, 동시에 칭찬받을 기회만 엿보는 기회주의자를 만들었다. 게다가 칭찬에 인색한 사람은 죄인으로 취급받는 분위기를 조성했으며, 이로 인해 시의적절한 쓴소리조차 설 자리를 잃게 만들었다.

칭찬은 달콤한 사탕과 같아서 적당히 먹으면 기분을 좋게 하지만, 너무 많이 먹으면 충치는 물론이고 혈당까지 치솟게 한다. 칭찬은 당연히 동기부여의 촉매제가 될 수 있지만, 남용되면 진정성이 없는 기회주의자와 피드백이 사라진 문화 또는 질타가 곧 죄악인 사회를 만들 수 있다.

자신의 발전을 위해서가 아니라, 남의 환호와 칭찬을 받기 위해 책상에 앉아 있는 아이들이 바로 그 증거다. 그래서 칭찬은 소금처럼 써야 한다.

서운함을 대하는
관계별 대처법

서운함이란 관계의 온도계와 같아서 지인은 온도계의 눈금만 읽고, 친구는 온도를 재려 들며, 가족은 열부터 내려주려 한다. 그래서 아는 사람은 서운함을 들어줄 준비를 하고, 가까운 사람은 서운함을 이해하려 애쓰며, 가족은 서운함을 풀어주기 위해 자신부터 내려놓는다.

'서운함을 마주했을 때,
지인은 그 감정을 확인하려 들고,
친구는 그것을 이해하려 하며,
가족은 조건 없이 안아준다.'

사람 사이에 거리감은 서운함의 깊이 때문이 아니라, 그 감정을 다루는 태도의 차이에서 비롯된다. 서운함은 마음의 체온계와 같다. 그래서 그냥 친구는 체온계의 숫자만 대충 보고 "춥겠다"라고 말하지만, 절친은 체온계를 직접 확인하며 "어디 아파? 괜찮아?"라고 묻는다. 반면 가족은 묻기도 전에 자기 옷부터 벗어주려 한다.

인간관계에서 핵심은 서운함을 어떻게 다루느냐다. 평상시 그냥 알고 지내는 사람에게는 "그랬구나, 그런 일이 있었구나"라며 귀를 열고, 친한 사람에게는 "그래서 많이 힘들었겠다"처럼 마음을 어루만져주면 된다. 다만, 가족에게는 옳고 그름을 따지기보다 "내가 미안해. 밥 먹으면서 애기하자"라며 먼저 손을 내미는 것이 중요하다.

여기서 명심해야 할 점이 있다. 그것은 인간관계에서 과도한 기대는 금물이라는 것이다. 예컨대 친구라고 해서 무한 리필 쿠폰을 얻은 것처럼 많은 것을 바라면 안 되고, 연인이라고 해서 심리를 꿰뚫는 초능력자쯤으로 믿어서도 안 된다. 또한 가족이라고 해서 마음의 방을 쉽게 드나드는 마스터 카드를 가진 것처럼 함부로 헤집고 다녀서도 안 된다.

오역된
가치의 시대

요즘 세상에서 편리는 금배지라는 특권층의 전용도로로 변질되었으며, 한때 순수했던 호의는 검은 거래를 위한 뇌물이라는 꼬리표를 달았다. 신중함을 뜻하던 침묵은 어느새 회피의 오랏줄에 묶여 비겁함이라는 죄수 번호를 달게 되었다. 지금 우리는 점점 더 똑똑하게 진화하고 있다고 생각하지만, 점점 더 진심 없는 사회를 만드는 중이다.

'순수했던 가치들이 하나씩 변질될 때,
우리는 그것을 진화라고 두둔한다.'

요즘은 타인의 희생이 담긴 편의를 당연한 권리라 착각하고, 호의를 계산기로 재며, 침묵엔 겁쟁이 딱지가 붙는다. 과거 손 편지 한 장으로 전해지던 호의와 호감은 이제 계약서에 도장을 찍어야만 그 진심이 증명된다. 게다가 한때 미덕이던 침묵은 범죄자의 침묵처럼 취급되어 말하지 않으면 무언가 구린 줄 아는 세상이 되고 말았다.

오늘날, 우리 사회에서는 모든 것이 상품의 가치와 계약으로 평가된다. 과거의 따뜻한 인심은 흥정의 대상이 되었고, 순수한 진심은 의심의 눈초리에 시달리며, 자연스러웠던 호의는 경계해야 할 불손한 행위로 취급받는다. 이는 계산과 검증이라는 명분 아래 불신이 독버섯처럼 번지고 있다는 명확한 증거다.

이렇듯 지금 우리는 편의와 호의 그리고 침묵과 대화 사이에서 위대로운 균형을 잡는 데 온 힘을 다해야 하는 시대에 살고 있음을 명심해야 한다.

본디 사람은 거대한 위험 앞에서 당연히 공포를 느끼게 마련이다. 그 앞에서조차 겁먹지 않는 자가 있다면, 그는 모든 것을 포기했거나 혹은 단 하나를 지키려는 자다. 포기한 자는 눈을 감지만, 지키려는 자는 이를 악물고 주먹을 쥔다. 그들이 두려움을 무릅쓰고 나아가는 이유는 겁이 없어서가 아니라, 지켜야 할 게 있기 때문이다.

'두려움 앞에서
눈을 감으면 포기이지만, 이를 깨물면 신념이다.'

공포 앞에서 떨지 않는 자는 두 부류다. 하나는 모든 것을 잃고 체념한 낙오자이고, 다른 하나는 목숨 걸고 지켜야 할 것이 있는 투사이다.

공포가 심장을 겨누는 칼날이라면, 위험은 발밑에 놓인 함정과 같다. 그럼에도 이런 공포와 위험 앞에서조차 담대할 수 있는 이유는 이미 죽음을 택했거나, 소중한 것을 지키기 위해 영혼을 내던졌기 때문이다.

불의의 사고 현장에서 대다수는 공포에 질려 멈춰 서지만, 부모는 자식을 구하기 위해 망설임 없이 불길 속으로 뛰어든다. 이는 겁이 없어서가 아니라, 지켜야 할 존재가 두려움보다 거대하기 때문이다. 반대로 모든 것을 놓아버린 자는 위기 앞에서도 무감각해진다. 결국 공포 앞에서의 초연함이란 절망의 끝이거나 혹은 숭고한 헌신의 시작이다.

포기하는 자는 현실이라는 밀림 속에서 조용히 눈을 감지만, 지키려는 자는 마지막까지 발톱과 이빨을 드러내며 저항한다. 이 극명한 태도의 차이가 곧 삶을 대하는 의지의 척도 차이이다.

고백보다 어려운 자백

부끄러운 과거를 아무도 모른다면 상관없지만, 누군가에게 '들킬까 봐' 하는 심리적 부담을 안고 살기란 쉬운 일이 아니다. 이런 이유 때문에 간혹 부담을 덜기 위해 자백을 생각하는 사람이 있다. 그러나 자백은 고백과 달라서 정의로운 기백과 굳건한 용기는 물론이고 넘치는 개선 의지와 뜨거운 반성까지 뒷받침되어야 한다.

'고백은 사랑을 부르지만, 자백은 용서를 부른다.'

고백과 자백의 차이를 이해하려면, 옷장 속에 해골을 숨기고 사는 이의 심정을 상상해보면 된다. 아마도 거대한 비밀이 새어 나갈까 봐 매 순간 불안에 시달리며, 마치 절벽 위 외줄을 타는 사람처럼 정신이 아슬아슬해질 것이다.

결국 그 압박을 견디지 못해 결심한 자백은 결코 가볍지 않다. "사실은 말이야"로 시작하는 가벼운 고백과는 차원이 다르다. 진정한 자백은 중세 기사가 목숨을 걸고 결투에 나서듯, 자신의 안위를 포기하고 두려움에 정면으로 맞서는 강철 같은 신념을 필요로 한다.

　자백은 고백보다 뜨겁고, 뉘우침보다 무겁다. 그것은 숨기는 자의 비겁함과 나약함이 아니라, 진실을 마주하는 자의 용기 있는 전쟁이다. 즉, 자백은 단순히 과기의 껍질을 벗기는 행위를 넘어 새로운 존재로 거듭나기 위한 치열한 탈피다.

술을 대하는
올바른 태도

술이 한 잔, 두 잔 목으로 넘어가면 긴장은 풀리고 혀가 꼬이면서 약간의 통증은 대수롭지 않게 느껴지게 된다. 바로 그 타이밍에 자리를 박차고 귀가하는 것이야말로 술을 대하는 올바른 태도다. 그렇게 자리를 파한 뒤 한숨 자고 일어나면, 풀리지 않던 어려운 문제는 그대로일지라도 문제를 대하는 마음가짐과 의욕은 분명 달라진다.

'술잔을 놓는 순간,
어제의 고민은 숙성되고 내일의 용기가 발효된다.'

술 한 잔은 여유, 두 잔은 용기, 세 잔은 실수다. 한 잔만 마신 자는 떠날 타이밍을 가늠한 것이고, 두 잔을 마신 자는 술을 다스릴 줄 아는 자다. 반면 끝까지 마신 자는 술을 마신 게 아니라 술에 끌려간 것이다.

술은 괴로움을 잊기 위한 도피처가 아닌, 내일을 위한 재정비의 도구가 되어야 한다. 술은 당면한 과제를 해결해주지는 못해도, 문제를 직시할 에너지를 주거나 마음을 다잡을 동기는 줄 수 있다.

그리고 술은 롤러코스터와 유사해서 천천히 오르는 구간에서는 설렘을 주지만, 급격히 내려가는 구간에서는 통제 불능의 스릴을 준다. 그러나 롤러코스터 또한 언젠가 멈춰야 하듯, 술잔 역시 적절한 시점에 내려놓아야 한다. 술의 짜릿함이 뇌를 마비시기려 할 때 다음을 기약하며 자리를 뜨는 것이야말로 진정으로 술을 즐기는 태도다.

술을 적절히 통제하는 능력은 의욕을 재충전하는 계기가 되는 동시에, 타인에게 신뢰를 얻는 기회다. 그래서 절제는 자기관리의 시작이자 다음 날의 나를 위해 베풀 수 있는 최고의 배려이다.

어린 시절엔 빨리 어른이 되고 싶어 하다가, 정작 어른이 되면 늙지 않으려 발버둥 치는 존재가 바로 인간이다. 이런 모순을 깨달을 때, 우리는 평생에 걸쳐 망가지는 과정이야말로 인생임을 깨닫는다. 인간의 생애는 완성된 채 멈춰 있는 조각상이 아니라, 변화를 거치며 서서히 저무는 필연적 과정 자체이기 때문에 망가질까 봐 두려워할 이유도, 창피해할 필요도 없다.

'인간의 삶은 시간에 질 수밖에 없도록 설계된 경기다.'

인간의 삶은 나날이 업데이트되는 소프트웨어가 아니라, 서서히 마모되는 하드웨어에 가깝다. 그래서 인생은 단순히 소모되는 것이 아니라, 치열하게 더 많이 쓰이는 과정 자체인 것이다.

낡아간다는 것은 결함이 아니라 우리가 삶을 충실히 살아내고 있다는 증거다. 노화를 두려워하는 것은 케이크를 맛보기도 전에 크림이 입가에 묻을까 걱정하는 것과 다르지 않다. 마찬가지로 새 차 또한 시간이 흐르면 긁힌 자국이 생기고 엔진 소리는 거칠어지기 마련이다. 즉, 완벽했던 처음의 상태에만 매달리기보다 운행 과정 자체를 즐겨야 한다. 만일 단 한 번도 도로를 달리지 않은 채 출고 당시의 깨끗함만 유지하고 있다면, 그것이야말로 자동차에겐 가장 큰 비극이라는 의미다.

인생은 화려한 예복을 입고 시작하지만, 시간이 흐를수록 그 예복은 서서히 몸에 맞는 평상복으로 바뀌어가는 과정과 같다. 이것이 곧 인생을 서서히 완성되어가는 예술 작품이라고 말하는 이유다.

아첨과 칭찬의 차이점

이기적인 것은 아첨이고 이타적인 것은 칭찬이며, 속셈이 뜨거우면 아첨이고 속뜻이 뜨거우면 칭찬이다. 부자연스러우면 아첨이고 자연스러우면 칭찬이며, 머리로 말하면 아첨이고 마음으로 말하면 칭찬이다. 그래서 아첨은 머리로 꺼낸 말이고, 칭찬은 마음에서 우러난 표현이다.

'아첨은 혀로 계산하고, 칭찬은 가슴으로 빚는다.'

칭찬과 아첨은 겉으로 비슷해 보이지만 완전히 다르다. 아첨은 인스턴트 식품과 같아서 즉각적인 만족감을 주지만, 먹고 나면 속이 불편하고 영양가가 없다. 반면 칭찬은 정성껏 끓여낸 가정식과 같아서 시간이 걸리고 화려하진 않지만, 깊은 맛과 온기가 있어 마음까지 따뜻해진다.

이 둘의 차이는 목적에 있다. 칭찬은 상대를 위한 것이고, 아첨은 나를 위한 계산이다. 조건 없는 칭찬은 신뢰와 감사함을 주지만, 목적 있는 아첨은 의심과 실망만 남긴다.

아첨은 진정한 가치가 없기에 금세 바람처럼 사라지지만, 칭찬은 울림이 있기에 마음속에 오래 남아 관계를 돈독하게 만든다. 그리고 아첨은 아무리 크게 외쳐도 불편함이 남지만, 칭찬은 속삭임만으로도 따스한 감동을 준다. 그래서 아첨은 달콤한 독야이라 불리고, 칭찬은 따뜻한 차 한 잔이라 불린다.

기회를 잡는 자의 조건

세상은 예고 없이 "지금이 기회야!"라며 문을 벌컥 열고 들어오곤 한다. 하지만 이상하게도 반가움보다는 걱정이 앞서 주춤거리게 된다. 기회 앞에서 망설이는 것은 능력의 결핍이 아니라 용기의 부족이다. 압도적인 고민과 거대한 망설임을 물리칠 자신감이 아직 준비되지 않았기 때문이다.

'준비된 자는 기회를 환호로 마중하고,
준비되지 않은 자는 기회를 두려움으로 배웅한다.'

기회는 예기치 않게 찾아오는 손님과 같다. 갓 잠에서 깨어 엉망인 상태인데 누군가 문을 두드린다면 어떨까? 이때 필요한 것은 완벽히 치워진 집이 아니라, 당황하지 않고 문을 열 수 있는 마음의 준비다.

이처럼 기회는 예고 없이 찾아오기에 항상 준비되어 있어야 한다.

한 번 놓친 물고기를 다시 낚기 어렵듯, 기회 역시 타이밍을 놓치면 다시 잡기 힘들다. 따라서 기회를 잡으려면 망설임과 두려움을 이겨낼 준비가 먼저다.

그러나 두려움이라는 송진이 손에 묻어 있다면, 그걸 깨끗이 닦아내기 전엔 그 어떤 기회도 잡을 수 없다. 기회 앞에서 두려움을 느끼는 건 자연스러운 일이지만, 작은 불편을 견디는 연습을 통해 망설임을 넘는 것이야말로 진짜 준비다.

결국 두려움이라는 송진을 손에서 모두 닦아낸 그날, 비로소 당신은 기회와 악수하게 될 것이다.

명언 과다 복용 시대의 부작용

요즘 우리는 SNS의 명언 한 줄에 인생이 바뀐 듯 과도한 의미를 부여하곤 한다. 그 결과 알람 없이 새벽에 일어나 챌린지라는 구명조끼를 입고 공감의 홍수 속에서 허우적거린다. 하지만 맹목적인 동조에 목마른 해석은 나침반 없는 조난과 같아서 결국 현실과는 동떨어진 상상의 사막을 끝없이 떠돌게 할 뿐이다.

'진정한 인생 변화는 스크롤 대신
땀 흘리는 발걸음에서 시작된다.'

요즘 유행하는 공감 글과 SNS 속 명언들은 정신적 허기를 잠시 달래줄 뿐, 마음의 배고픔을 근본적으로 채워주지는 못한다. 그것은 화려하게 포장된 간식 꾸러미와 같아서, 즉각적인 입안의 즐거움을 줄지는 몰라도 영혼의 허기를 든든히 채우기엔 턱없이 부족하다.

진정한 배고픔을 채우려면 직접 요리하거나 식당으로 가야 하듯, 삶의 변화 역시 스스로 발로 뛰고 노력해야만 얻을 수 있다. 찰나의 공감에 젖는 것은 쉽지만, 명언대로 사는 일은 땀과 실행의 결과로만 가능하다.

짧은 명언들에 자신을 억지로 맞추려 하는 행위는 성장이 아니라 자기 강박을 낳는다. 공감되는 글을 비판 없이 추종하며 실천에 매달리는 것은 불안이 만든 조급함의 산물일 뿐이다. 이는 자신에게 맞는 옷을 찾아 입는 과정이 아니라, 껍데기만 흉내 내는 자기계발 코스프레에 지나지 않는다.

자기계발은 단숨에 마시는 드링크가 아니라, 천천히 씹고 넘겨야 하는 소화의 과정이다. 그러니까 좋은 글과 말은 나침반일 뿐, 결코 도착지가 아님을 명심해야 한다.

생각 없이 내뱉는 말은 틀린 맞춤법 하나로 책 전체를 폄훼하는 독자와 같다. 그들은 문맥도 무시한 채 밑줄만 긋고, 거침없이 붉은 펜을 휘갈기듯 오점만 표시한다. 그런 비난은 개인의 감정만 쏟아내는 방향 잃은 공격일 뿐, 방향을 제시하는 건설적 조언이 될 수 없다.

'붉은 펜에 분노를 묻히면, 조언도 낙서로 변한다.'

어떤 사람들은 비난을 마치 방향을 제시하는 나침반처럼 사용한다. 하지만 비난은 자신의 감정을 일방적으로 분출하는 메가폰에 불과하다. 또한 비난은 화려하게 터지는 감정의 폭죽과 같아서 '팡' 하고 터지는 소리가 멎고 나면 상처라는 재만 남을 뿐이다.

여기서 우리는 비난과 피드백을 분명히 구분해야 한다. 비난은 고치려는 의도 없이 상처를 주는 말이고, 피드백은 상대의 발전을 바라는 조언이다. 조준도 하지 않고 쏜 총알이 비난이라면, 피드백은 나아갈 길을 알려주는 방향 지시등이다.

예컨대 보고서를 잘못 작성한 직장 후임에게 "똑바로 좀 해!"라고 하는 것은 비난이고, "이 부분만 다시 확인하면 더 좋겠어"라고 말하는 것은 피드백이다. 같은 상황이라도 말의 방식에 따라 결과는 완전히 달라진다.

그래서 비난이 건전한 제언이 되려면 반드시 예의를 갖춘 근거와 명확한 방향 제시가 동반되어야 한다. 그렇지 않고 단순히 상대방에게 상처를 주기 위해 던지는 말이라면, 그것은 비난을 넘은 언어폭력이다.

시간이 해결하지
못하는 것

중요한 것은 놓쳤더라도 시간이라는 정화 장치를 통과하면 아픔이 희미해지지만, 소중한 것은 몇 겹의 망각 장치로도 마음이 고통스럽다. 그래서 중요했던 것은 시간이 지나면 '그땐 그랬었지!'로 정리되지만, 소중했던 것은 세월이 흘러도 '왜 그랬을까?'라는 질문으로 남는다. 중요했던 것은 지나간 과거가 될 수 있지만, 소중했던 것은 여전히 살아 있기 때문에 과거가 될 수 없다.

'상처는 시간의 바람에 말라가지만,
그리움은 시간의 바람 때문에 더 퍼진다.'

중요한 것의 중심에는 실용적 가치가 있고, 소중한 것의 중심에는 감정의 무게가 있다. 또한 중요한 것은 옷에 묻은 얼룩처럼 세탁해서 지울 수 있지만, 소중한 것은 아무리 빨아도 지워지지 않는 흔적처럼 남는다.

마찬가지로 놓친 기회는 시간이 지나면 희미해지지만, 놓쳐버린 사람과의 관계는 아무리 시간이 흘러도 치유되지 않는 상처로 남는다. 예컨대 급전이 필요했던 친구의 부탁을 거절한 일은 잊힐 수 있지만, 당시 그 친구의 힘든 마음을 뒤늦게 이해했을 때의 미안함은 쉽게 사라지지 않는다. 또한 아이의 첫 발표회를 놓친 기억은 흐려질 수 있지만, 사진과 영상을 볼 때마다 찾아오는 먹먹함은 쉽게 지울 수 없다.

이처럼 중요한 것은 시간의 흐름이 약으로 작용할 수 있지만, 소중한 것은 세월조차 해결하지 못한다. 그래서 시간이 지나면 잊히는 것을 '중요한 것'이라 하고, 과거가 되지 못하는 것을 '소중한 것'이라고 말하는 것이다.

인간임을 증명하는 것은 참을 수 없는 식욕과 버틸 수 없는 수면욕, 나아가 원초적인 성욕과 갈구하는 인정욕 등이다. 그래서 온전한 인간이란 욕구 결핍을 채우려는 의지와 과잉을 절제하는 분별력을 함께 갖춘 존재를 뜻한다.

'본능은 살아 있음을 말하고,
이성은 어떻게 살지를 말한다.'

인간은 배고프면 짜증을 내고, 졸리면 침대에 다이빙하며, 외로우면 드라마 주인공처럼 굴고, 인정받고 싶을 땐 SNS에 셀카 폭탄을 던진다. 이런 본능들은 인간이 가진 욕망의 한 단면이자 살아 있다는 확실한 증거이다.

이런 본능은 두 개의 페달을 가진 자전거와 같다. 하나는 먹고 자고 인정받으려는 욕망의 페달로, 힘껏 밟을수록 앞으로 나아가게 만든다. 하지만 이 페달만 계속 밟다 보면 자전거는 통제 불능에 빠져 결국 넘어지고 만다. 이때 필요한 것이 속도를 조절하고 방향을 잡아주는 반대쪽에 있는 이성 페달이다. 그래서 균형 잡힌 라이딩을 위해선 두 페달을 번갈아 밟을 줄 알아야 한다.

온전한 인간이란 욕망을 지우는 존재가 아니라, 그 욕망의 속도를 조절할 줄 아는 레이서 같은 존재다. 즉, 인간다움이란 본능을 억누르는 것이 아니라 균형을 잡는 데 있다. 욕망을 품되 그 욕망에 끌려가지 않는 것이 인격이며, 본능적 욕구를 조절할 수 있는 이성이야말로 우리를 진정한 인간으로 만든다.

중간이 주는
가벼움

세상에는 양심을 감추느라 어깨에 힘이 들어간 사람도 있고, 자기 양심만 믿고 모든 걸 솔직하게 드러내는 사람도 있다. 하지만 양심은 감춰야 할 비밀도, 자랑할 훈장도 아니다. 단지 한쪽으로 치우치지 않아야 틀리지 않음을 증명할 수 있는 것이다.

'양심을 부끄러워하는 자는 진심을 의심받고,
양심을 들이대는 자는 타인을 압박한다.'

어떤 이들은 두꺼운 양심이라는 점퍼를 껴입은 채 비밀이 들통날까 봐 땀을 흘리고, 또 어떤 이들은 솔직함이 미덕이라 믿으며 옷장 속 모든 것을 탈탈 털어 보여준다. 하지만 과도한 숨김과 지나친 드러냄 모두 올바른 태도가 아니다. 진정한 양심은 은폐와 노출 사이의 적절한 회색지대에서 균형을 잡는 일이기 때문이다.

실제로 양심에 대한 극단적 태도는 일상에서 혼란을 야기하기도 한다. 예컨대 자녀에게 미안함을 느끼면서도 권위가 떨어질까 봐 끝내 사과하지 않는 부모는 비겁한 숨김의 전형이다. 반면, 모든 것을 공유해야 한다며 부부 갈등이나 개인적 고뇌를 여과 없이 쏟아내 자녀에게 정서적 짐을 지우는 부모는 무책임한 노출의 예다.

이처럼 진실도 맥락 없이 드러내면 폭력이 되고, 숨김이 지나치면 자기기만이 된다. 즉 벌거벗음은 듣는 이에게 부담이 되고, 가면은 사기로 보인다. 결국 숨기려는 극단과 드러내려는 극단은 모두 관계를 불편하게 만든다.

양심은 숨길 것도 자랑할 것도 아닌, 속옷과 같다. 입었다고 자랑하면 민망하고 안 입었다고 티 내면 곤란한 것처럼, 양심의 본질은 적절한 균형에 있다.

꿈을 이루기 위한 조건

꿈을 가끔 떠올리는 것은 우연히 복권에 당첨되길 바라며 기다리는 것이다. 하지만 꿈을 하루의 식사처럼 삶의 일부로 삼는 것은 곧 현실이 된다. '이루어지면 좋겠다'는 흐릿한 기대와 '이루어져야 한다'는 확고한 간절함은 본질적으로 다른 힘을 가졌기 때문이다.

'바라는 마음은 앉아서 기도하고,
간절한 마음은 발로 뛴다.'

희망은 동전만 넣으면 나오는 자판기가 아니라, 망치와 못을 들고 직접 조립해야 하는 DIY 키트와 같다. 떨어지는 별똥별에 소원을 비는 것은 희망이 아니라 장바구니에 담긴 욕망일 뿐이다. 그렇기에 희망을 현실로 만든 이들은 기도로 멈추지 않고, 기도가 끝나기 무섭게 현장으로 뛰쳐나간 사람들이다.

누워서 치킨 쿠폰만 바라보며 "배달 오면 좋겠다"라고 말만 하는 사람과 직접 주문을 마치고 결제까지 끝낸 사람의 차이는 명확하다. 배달 앱을 열어보는 것이 희망이라면, 결제 버튼을 누르는 것은 간절함이다. 결국 한쪽이 군침만 흘릴 때, 다른 한쪽은 이미 먹고 있는 차이다.

이 원리는 다른 목표에도 그대로 적용된다. 예컨대 몸짱이 되고 싶다면 헬스장 거울 앞에서 셀카를 찍을 게 아니라, 근육의 통증을 견디며 땀을 쏟아야 하는 것과 같은 이치다. '되면 좋겠다'라는 막연한 바람은 꿈을 꾸게 할 뿐이지만, '반드시 돼야만 한다'라는 간절함은 불가능해 보이는 벽을 넘게 만든다.

당신의 욕망은
안녕하십니까?

건강한 욕망을 가진 사람이 기회를 만나면 식물을 가꾸듯 조심스레 희망을 키운다. 반면, 욕망이 욕심으로 변질된 사람은 끝없이 부를 얻으려 한다. 그는 부를 얻으면 권력의 산을 손에 쥐려 하고, 권력을 잡으면 명예의 별을 탐하려 덤빈다. 그렇게 명예까지 취하고 나면, 영생의 샘까지 찾아 헤매는 악순환에 빠진다.

**'욕망을 키우면 삶이 자라고,
욕심을 키우면 결핍이 자란다.'**

욕망은 본래 삶을 성장하게 하는 강력한 에너지다. 그러나 지나치면 만족이 아니라 중독의 굴레에 갇히고, 조절되지 않은 욕망은 결국 자기 파괴로 이어진다. 욕망은 목표를 향한 건강한 출발점이지만, 탐욕으로 변질되면 끝없는 결핍과 허기를 낳는다.

건전한 욕망을 지닌 사람은 미식가와 같아서 음식을 맛보기 전에 눈으로 즐기고 향을 맡으며, 한 입 한 입 천천히 음미한다. 반면 탐욕에 눈먼 자는 허겁지겁 먹어 치우는 대식가처럼 메인 요리를 비우자마자 디저트를 갈구하고, 나아가 식당 전체를 소유하려 든다.

그래서 건전한 욕망은 기회라는 밭에 씨앗을 뿌리고 정성껏 가꾸며 수확의 때를 기다리는 인내를 안다. 그러나 탐욕은 밭을 강탈히고 약품을 뿌려 땅값부터 올리려 든다. 심지어 이익을 위해서라면 자연의 순리조차 거스르려 한다.

결국 두 태도의 귀결은 명확하다. 건강한 욕망은 삶에 충만함을 선물하지만, 탐욕은 평생 허기진 채로 살게 만든다.

외톨이 리더의
오해

융통성이 결여된 사람은 자신을 논리적인 인물로 브랜딩한다. 권위적이고 독단적인 사람은 자신을 리더십 있는 이미지로 마케팅한다. 하지만 큰 오해로 점철(點綴)된 논리와 홀로 빛나는 리더에게는 언제나 외로움이 건배를 청한다.

'논리의 칼날은 감정을 베고,
리더십의 깃발은 겸손을 가린다.'

논리는 감정을 억누르고, 리더십은 독단을 감추는 경우가 많다. 그래서 감정이 배제된 차가운 논리는 냉정함을 낳고, 융통성 없이 기준만 앞세우는 리더십은 독선으로 흐르기 쉽다.

"나는 논리적인 사람이야"라는 선언은 때로 '타인의 기분에는 관심 없어'라는 의미를 포함한 것일 수 있고, "나는 리더십이 있어"라는 자부심은 '내 말에 토 달지 마!'의 점잖은 버전일 수 있다. 그래서 자신을 논리의 정점이라 자부하는 이의 등 뒤에는 융통성 결핍이라는 스티커가 붙고, 리더십을 외치는 이의 등 뒤에는 독단 충만이라는 꼬리표가 붙는다.

요컨대 논리와 리더십은 상대를 굴복시키는 무기가 아니라 존중하는 도구여야 한다. 유연성을 배제한 논리만 고집하고 타인의 목소리에 귀를 닫는다면, 결국 외면과 고독만이 합석을 청할 것이다.

의심 타이밍

의심은 잡초 같아서 한 번 뿌리내리면 좀처럼 뽑아내기 어렵고, 전염병처럼 순식간에 번져 관계를 잠식한다. 또한 거미줄처럼 촘촘히 엮여 결국 자신마저 옭아매는 고통을 선사하기도 한다. 그래서 의심은 모든 해답이 명확해질 때까지 남겨둬야 하는 마지막 감정이다.

**'의심이 근거를 만나면 질문이 되고,
감정을 만나면 낙인이 된다.'**

의심은 한 번 울리면 쉽게 꺼지지 않는 알람 같고, 한 번 번지면 멈추지 않는 SNS 루머 같다. 또한 의심은 상처를 소독하는 소금물과 같아서 적당하면 이롭지만, 과도하면 오히려 살을 파고들 듯 관계를 짓이긴다. 즉, 감정이 격할 때 쏟아내는 의심은 신뢰를 지키는 방패가 아니라 상대를 베어버리는 날카로운 칼이 된다.

물론, 의심 자체가 무조건 나쁜 것은 아니다. 중요한 것은 의심을 '하느냐, 마느냐'가 아니라 '언제' 그리고 '어떻게 꺼내느냐'이다.

의심은 물속에 던진 돌처럼, 물결이 가라앉을 때까지 기다렸다가 꺼내도 늦지 않다. 의심은 냉정함 속에서도 한 번 더 생각하고 꺼내 드는 최종 무기일 때, 비로소 진실을 밝히고 관계를 지키는 데 도움 된다.

따라서 의심은 서두를수록 확산되어 감정이 오염되지만, 늦출수록 침착해져 관계의 실수를 막는다.

어른이
된다는 것

어른이 된다는 것은 슬픔도 참아야 하고, 분노도 눌러야 하며, 심지어 눈물도 눈치 보며 흘려야 하는 입장에 다다랐다는 뜻이다. 이는 곧 견디는 법을 배울수록 느끼는 법을 잊고, 분주함에 익숙해질수록 감탄하는 법을 까먹게 된 존재가 된 것이다. 어른이 되면서 앓게 되는 질병은 육체의 고통이 아니라, 감정의 무감각이다.

**'어른은 별빛의 낭만보다 전기요금을 먼저 생각하고,
첫눈의 설렘보다 가스요금에 집중한다.'**

어른이 된다는 것은 매일 야근하며 워라밸을 찾던 직장인이 휴가 때 집에서 유튜브를 보며 쉬는 게 자연스러워지는 현상과 같다. 혹은 아이의 첫걸음마에 감동하던 부모가 육아 스트레스에 지쳐 '빨리 커서 혼자 놀았으면 좋겠다!'라고 바라는 것과도 같다. 즉, 어른이 된다는 건 삶의 경탄이 사라진 자리를 피로가 대신 채우고 있다는 것이다.

시간이 흐를수록 어른에게 힘듦은 고통의 무게와 상관없이 그저 묵묵히 견디는 일상이 된다. 그렇게 세월이 감각을 무디게 만들면, 고단함은 삶의 기준이 되고 여유쯤은 없어도 되는 사치로 밀려난다.

결국 어른에게 꽃은 초록 생명체일 뿐이고, 하늘은 누웠을 때 보이는 컴퓨터 바탕화면일 뿐이다. 어릴 적 민들레 하나에도 "와!" 하며 감탄했던 마음은 사라지고, 이제 꽃보다 식후 낮잠이 설실하고 푸른 하늘보다 회의 알람이 더 소중해진 상태. 그것이 곧 어른이 되었다는 거다.

인생의 방향을 잃은
그대에게

살면서 종종 "길을 잃었다"라고 푸념하는데, 사실 인생에 출발지는 있어도 목적지는 애당초 없었다. 인생에서는 방향을 잃었다거나 못 찾겠다는 난감한 순간이 있는 게 아니라, 단지 방향을 스스로 정할 때가 온 것일 뿐이다. 인생은 길 찾기가 아니라 길 만들기만 있는 일방통행과 같다.

**'인생에서 길을 잃었다는 것은
아직 이름 붙이지 않은 길을 걷고 있다는 뜻이다.'**

인생이란 재료는 주어졌는데 정확한 계량이나 순서조차 없는 미완성 레시피로 요리하는 것과 같다. 어떤 이는 설탕을 쏟아붓고 어떤 이는 소금을 빼먹지만, 결국 그 맛은 자신의 손끝에서 결정되기 때문이다.

인생은 처음 가보는 숲속을 걷는 것과 같아서, 길을 잃었다고 느끼는 순간조차 목적지를 상실한 것이 아니다. 오히려 헤매는 걸음마다

미로의 복잡한 구조를 기록하며, 나만의 더 정확한 지도를 그려나가는 과정이다. 그리고 표지판 없는 길 위에 있다는 것은 내가 여전히 나아가고 있다는 증거이며, 혼란스럽다는 것은 새로운 길을 개척하고 있다는 방증이다.

결국 인생이란 1초 앞도 알 수 없는 사람이 방향도 목적지도 모른 채 홀로 전진하며 길을 만들어가는 과정이다. 아니, 어쩌면 미래를 향해 가는 것이 아니라 현재의 선택들이 차곡차곡 쌓여 만들어진 과거 그 자체일지도 모른다.

여기서 중요한 것은 삶의 방향을 잃지 않는 것이다. 그러기 위해서는 행복한 미래가 보일 때는 현재를 소홀히 하다가, 불행이 예견될 때만 현재에 매달리는 이기적인 태도부터 바로잡아야 한다.

회상왜곡의
함정

회상왜곡(回想歪曲, 과거의 사건이나 경험을 기억하거나 회상할 때, 그 내용이나 의미가 왜곡되는 현상을 의미한다)은 과거를 지나치게 미화함으로써 현재의 결함을 가려, 진짜 문제를 해결하지 못하게 만드는 심리다. 예컨대 한때 치명적인 매력을 지닌 장미라 할지라도, 그때 가시에 찔린 상처로 느낀 고통까지 이해하려 들어서는 안 된다.

'회상은 따뜻할지라도 판단은 차가워야 한다.'

과거에 아무리 아름답고 향기로운 꽃이었을지라도, 지금 돋아난 가시와 시듦을 가릴 수는 없다. 고혹적인 자태와 향기에 대한 기억이 아무리 고귀한들, 현재 나를 찌르는 가시는 피할 수 없는 현실의 고통이다.

회상이 향기롭다고 해서 현재의 아픔까지 향기로운 것은 아니다. 향기는 마음속에 남기되, 지금 나에게 고통을 주는 가시라면 단호히 내

쳐야 마땅하다.

이러한 현실 직시는 인간관계에도 그대로 적용된다. 과거에 친절했던 친구가 최근 갑자기 무례하게 굴기 시작했을 때, 옛 기억만 붙잡고 현재의 문제를 무시하고 참는다면 언짢은 기분과 불쾌한 감정들은 켜켜이 가슴속에 쌓이게 될 것이다.

사람들은 눈앞의 현실을 무시한 채 "알고 보면 착한 사람이야"라며 쉽게 두둔하곤 한다. 하지만 그런 말을 건넬 때는, 그 착한 사람에게 감당하기 어려운 상처를 입은 피해자의 눈을 똑바로 바라보며 말할 수 있어야 한다.

타인을
믿는다는 것

타인을 믿는다는 것은 이름도 모르는 꽃씨를 심고 가꾸는 행위와 같다. 이는 곧 심은 꽃씨가 아름다운 꽃일지, 독초나 잡초일지 알 수 없지만 느긋하게 기다리겠다는 인내를 품고 있기 때문이다.

'사람을 믿는 건 로또를 사는 게 아니라,
봄이 오기를 기다리는 농부가 되는 일이다.'

사람을 믿는다는 것은 변화무쌍한 계절을 견디는 것과 같다. 타인의 변덕을 기꺼이 감수하고, 내 안의 기다림을 먼저 보살필 각오가 필요하기 때문이다.

또한 믿음은 비 오는 날 우산을 빌려주는 일과도 같다. 우산은 제때 돌아올 수도 있지만, 분실되거나 망가진 채 돌아올 수도 있기 때문이다. 즉, 그 믿음이 배신의 칼이 되어 나를 찌르더라도 이를 견뎌낼 각오가 필요하다는 의미다.

타인을 믿기에 앞서 염두에 두어야 할 것이 있는데, 그것은 바로 그 어떤 결과가 닥치더라도 넉넉히 수용할 수 있는 마음의 그릇을 키워야 한다는 점이다. 예컨대 누군가에게 돈을 빌려줄 때 '돌려받지 못해도 괜찮다'라고 미리 마음먹는 태도가 그것이다.

당신이 믿음을 쏟았던 이에게 배신당했다면 이렇게 생각해보길 권한다. '믿고 심은 씨앗 하나가 독초로 자랐다고 해서, 정원 전체를 포기할 필요는 없다!'라고.

감정 기류를 읽는 능력

인간의 마음은 제멋대로 바뀌는 변덕스러운 신호등과 같다. 방금 초록불이었던 신호가 찰나의 순간 빨간불로, 다시 초록불로 바뀌는 기행을 벌인다. 대부분의 사람은 이 급격한 전환에 감정적 멀미를 느낀다. 그러나 진정으로 눈치 빠른 사람은 타인의 감정 신호등에 주황불이 켜지는 순간을 놓치지 않는다.

**'감정 신호등이 주황색으로 바뀔 때,
그때가 공감의 골든타임이다.'**

타인의 감정 변화를 포착하는 능력은 대인관계의 핵심이다. 특히 주황색으로 대변되는 감정의 불안정한 찰나를 놓치지 않는 사람이야말로 진정한 관계의 달인이다.

사람의 감정은 예측할 수 없을 만큼 변덕스럽다. 순식간에 달라지기도 하고, 때로는 표정 하나나 한숨 소리만으로도 묘한 기류가 바뀐다. 감정의 초록불이 '좋아'라는 진행 신호라면, 빨간불은 '건드리지 마'라는 정지 신호다. 이처럼 극명하게 바뀌는 감정의 색을 포착하는 능력이 바로 일차적인 눈치다.

하지만 진정한 눈치는 그다음에 있다. 상대의 신호가 바뀌기 직전, 그 주황색 타이밍을 포착하는 능력이다. 이는 메뉴를 망설이는 손님에게 "천천히 고르셔도 됩니다"라며 여유가 있음을 먼저 말해주는 것과 같다. 즉, 진정 눈치 있는 사람은 화술이 뛰어난 사람이 아니라, 상대에게 필요한 멈춤과 여백을 때와 장소에 맞게 제공할 줄 아는 사람이다.

요컨대 일차적인 눈치가 변화를 감지하는 감각이라면, 진정한 눈치는 주황색 신호를 보고 배려 섞인 행위를 순발력 있게 실천하는 종합적 언행을 말한다.

화려한 언변으로 상대를 제압하거나 감정에 호소하며 은근히 수긍을 강요하는 것은 좋은 협상이 아니다. 진정한 협상이란 끓어오르는 냄비 뚜껑을 천천히 열어 김을 빼는 과정과 같다. 상대의 마음 깊숙이 자리한 불만의 열기를 차분히 식혀주는 것, 그것이 협상의 본질이다.

'협상이란 상대의 흥분한 감정이 착륙할 수 있도록
최대한 활주로를 길게 펴주는 것이다.'

펄펄 끓는 냄비의 뚜껑을 섣불리 열면 데기 마련이다. '열기가 가라앉을 때까지 기다려야 한다'는 이 당연한 상식은 상대의 마음을 여는 협상의 자리에서도 예외가 아니다.

그래서 협상의 기술은 화산을 다루는 방식과 닮아야 한다. 화산은 폭발하기 전까지 내부에서 용암이 끓으며 가스 압력을 쌓는다. 이때,

전문가들은 섣불리 산 옆구리에 구멍을 뚫거나 물을 부어 압력을 낮추려 하지 않는다. 그저 지속적으로 모니터링하며 조금씩 가스를 배출시켜 압력을 세밀하게 조절할 뿐이다.

협상도 마찬가지다. 상대의 불만이 폭발하지 않도록 조심스럽게 대화를 이어가며 상황을 진정시키는 것이 중요하다. 격앙된 감정 앞에서는 논리가 무력하다는 사실을 명심하고 상대의 근본적인 요구에 공감하며 스스로 마음을 터놓게 만드는 것, 그것이 협상의 성공 포인트다.

지혜로운
침묵

반드시 마이크 앞에서 외쳐야만 정의가 실현되는 것은 아니다. 이런 점에서 볼 때 용기 있는 발언을 하지 않는 것이 무조건 잘못된 건 아니다. 즉 아무것도 모를 때 침묵하는 것은 비겁함이나 비굴함이 아니라, 또 다른 형태의 정의임과 동시에 현명한 고백이다.

'지혜로운 침묵이란 무지 앞에서 입을 닫는 것이다.'

우리는 흔히 정의를 외치려면 마이크를 잡고 큰 소리로 말해야 한다고 생각한다. 그러나 진정한 정의는 늘 그렇게 거창하거나 요란하지 않다. 오히려 지혜로운 자들의 정의는 입을 다물고 상황을 정확히 읽어내는 혜안과 같다.

이는 베테랑 낚시꾼이 미끼를 던져두고 묵묵히 기다리는 것과 다르지 않다. 섣불리 낚싯대를 흔들거나 소리친다고 고기가 잡히지 않음을 알기에, 그들은 물의 흐름을 읽으며 조용히 때를 기다릴 뿐이다. 이러한 침묵은 성급한 발언보다 말을 아끼는 현명함이 훨씬 귀하다는 사실을 증명한다.

어설픈 지식으로 나섰다 허탕 치기보다 상황을 관망하며 진실이 떠오르기를 기다리는 침묵이야말로 현명한 지혜다. 즉 정의와 지혜는 적극적인 발언이 아니라, 자신의 무지를 인정하고 겸손하게 침묵하는 태도만으로도 실현될 수 있다. 이런 침묵은 불필요한 말로 범하는 실수를 피하고, 자신의 품위를 지키는 가장 확실한 방법이다.

식물에게
본받을 점

식물은 슬기롭다. 자신이 죽어가고 있음을 세상에 알리기 위해 잎을 노랗게 물들이기 때문이다. 식물보다 슬기로운 우리는 힘들 때 모든 일을 제쳐두고 주변에 도움부터 청해야 한다. 그렇지 않으면 뿌리째 뽑힌 나무처럼 결국 혼자 힘으로는 버티기 어려운 순간을 맞이하게 될 것이다.

**'아픈데도 버티는 건 자존심이고,
아픔을 알리는 건 용기다.'**

배가 고픈 새는 굶주림 때문에 쇠약해지기 전에 둥지를 떠나듯 배터리가 거의 없는 스마트폰은 절전모드 알림을 띄우고, 엔진 오일이 부족한 자동차는 계기판에 경고등을 켠다. 이처럼 어려운 상황에 직면했을 때, 스스로 위험을 알리는 행위는 인간에게 필요한 현명한 판단임을 시사하고 있다.

가령 직장에서 과도한 업무 스트레스를 받을 때 무작정 인내하는 것은 결국 번아웃에 빠지게 만든다. 많은 이가 남에게 부담 주기 싫어서 또는 약해 보일까 봐 혼자 문제를 짊어진 채 해결하려 한다. 하지만 이는 경고등을 무시하고 운전하다 차를 폐차 지경에 이르게 하는 것과 다르지 않다.

누군가에게 도움을 요청하는 것은 결코 부끄러운 일이 아니며, 타인에게 손을 내미는 용기는 지혜로운 생존 본능이다. 남에게 도움을 청하는 게 유독 자존심 상하거나 망설여진다면, 평소 타인에게 베푸는 일에 소홀하지 않았는지 돌아볼 필요가 있다. 평소 덕을 쌓고 신뢰를 형성해야만 비로소 위기의 순간에 염치 불고하고 기댈 언덕을 찾을 수 있기 때문이다.

개혁의 본모습

교란은 개혁이라는 탈을 쓰고 세상을 바꾸는 척하며 타인의 사소한 희생을 합리화시킨다. 반면, 진정한 개혁은 모두가 함께 변화를 만들어가는 전 과정을 포함한다. 따라서 개혁을 운운하며 누군가에게 희생을 강요하는 자가 있다면, 그는 교활한 착취자이므로 무조건 멀리해야 한다.

'교란은 비 오는 날 우산을 함께 쓰면서
내 쪽으로 우산을 기울이는 것이고,
개혁은 우산을 접고 함께 비를 맞는 것이다.'

개혁을 외치며 누구는 밤을 새우고, 누구는 박수만 친다면, 그것은 영악한 기획이자 계획된 탈출극이다. 모두가 함께 감당하는 것이 아니라 특정인만 희생한다면, 그것은 명백한 농락이며 교란이다. 즉, 스스로 희생하지 않으면서 개혁을 부르짖는 행위는 기만과 기교가 깔린 쇼에 불과하다.

예컨대 진정한 개혁은 마을 주민들이 힘을 모아 다리를 놓는 과정과 같다. 더 나은 내일을 위해 모두가 각자의 위치에서 기꺼이 땀 흘릴 때, 개혁은 비로소 현실로 구현된다.

만약 "공공을 위해 당신의 희생이 필요합니다"라며 부득이한 척 요구하는 자가 있다면, 그는 개혁가가 아니라 상대를 도구로 이용하려는 교란자일 뿐이다. 그리고 고귀한 희생을 멋지게 포장하는 개혁은 세상을 바꾸는 척하며 타인의 헌신을 가로채는 위험한 미끼임을 경계해야 한다.

사람 보는 눈이
없다는 것

사람 보는 눈이 없는 이들은 무례한 행동을 솔직함으로 착각한다. 게다가 사회성이 부족한 태도를 마이웨이라며 포장하거나 심지어 변하지 않을 사람에게 '변할 거야'라는 낡은 신뢰까지 꺼낸다.

'사람을 잘못 보는 건
눈이 잘못된 것이 아니라
기대를 놓지 못하는 것이다.'

사람을 잘못 판단하는 원인은 세 가지다. 첫째는 무례한 언행을 쿨함으로 착각하는 인지 왜곡, 둘째는 나쁜 습관을 개성으로 미화하는 합리화, 셋째는 오래된 인연에 기댄 무조건적인 신뢰다.

이러한 잘못된 시각은 헛된 기대감을 낳는다. 그 결과, 사람 보는 눈이 없는 이들은 상대의 티끌 같은 장점이 치명적 단점을 덮어줄 거라는 비현실적인 희망을 버리지 못한다. 이는 엉킨 실타래가 저절로 풀릴 거라 믿는 것만큼 어리석은 일이다.

낡은 셔츠에 새 라벨을 붙인다고 명품이 될 수 없듯, 검증 없는 추억 보증서만으로는 그 사람의 본질을 바꿀 수 없다. 호감은 존중을, 매력은 좋은 습관을, 신뢰는 꾸준함을 먹어야만 자란다. 따라서 사람을 판단할 때는 겉에 붙은 라벨이 아니라, 시간이 흘러도 변치 않는 인격의 내구성을 살펴야 한다.

요컨대 사람을 올바르게 보는 기준은 과거의 영광이나 막연한 기대가 아닌, 지금 눈앞의 현실이어야 한다. 외로운 마음이나 허전함에 흔들릴 때가 아니라, 가장 평온하고 이성적일 때 상대방을 객관적으로 바라보아야 한다.

정말 무서운 힘은 심해의 거대 고래와 같다. 언제, 어디서, 얼마나 크게 그 힘이 다가올지 드러나지 않기에 더욱 위압감을 준다. 한낱 물고기인 상어는 꼬리지느러미를 가로로 휘젓지만, 포유류인 고래는 단 한 번의 세로 움직임만으로 거대한 파도를 일으킨다.

**'힘은 보여주는 게 아니라,
필요한 때 터뜨리는 것이다.'**

한순간에 거대한 배를 뒤집는 잔잔한 조류, 먹구름 뒤에 숨은 번개, 언제든 강풍으로 돌변할 수 있는 산들바람처럼 자연은 상상할 수조차 없는 힘을 품고 있다.

언제 몰아칠지 예측할 수 없는 폭풍의 위력은 위압감을 넘어 경이롭기까지 하다. 이처럼 존재를 감추고 있다가 결정적인 순간에 본연의 위력을 드러내는 것이야말로 거대한 힘이 품고 있는 속성이다.

이러한 원리는 인간의 삶에도 그대로 적용된다. 마라톤 선수가 경기 내내 페이스를 조절하다가 마지막 1km 구간에서 폭발적인 저력을 보여주듯 진짜 힘은 조용히 축적했다가 필요한 순간에 발휘하는 것이다.

진정한 강자는 힘을 아껴야 할 때와 쏟아야 할 때를 명확히 구분한다. 꼭 필요한 순간에만 힘을 사용하는 것이 힘의 가치를 증명하는 길임을 알기 때문이다.

완벽한 최후의
거짓말

사람들은 종종 임종 전 고백을 신성불가침의 진실로 여기지만, 그 말들이 모두 진실인 것은 아니다. 어떤 고백은 평생 하지 못한 사과에 비단만 감은 것일 수 있으며, 또 어떤 고백은 확인되지 않은 진심에 화장만 곱게 한 것일 수도 있기 때문이다. 또 어떤 고백은 자기 잘못을 드라마처럼 마무리하고 싶은 생의 마지막 연극일 수도 있기 때문이다.

'죽음은 성스러운 진실을 보장하지 않는다.'

사람들은 흔히 죽음을 앞둔 이의 마지막 말이라는 이유로 그 뉘우침에 감정적으로 휩쓸려 그것을 곧 진심이라 믿는다. 하지만 죽음의 문턱에서 나오는 모든 말이 성수(聖水)처럼 순수할 수는 없다. 최후의 반성 역시 인간이 생의 끝에서 마지막으로 시도하는 또 다른 자기기만일 수 있기 때문이다.

죽음 직전에 나오는 "미안해"라는 사과는 이미 유효기간이 만료된 쿠폰과 같아서, 살아 있을 때 실천하지 않은 고해(告解)는 죽음 앞이라 해서 면죄부가 될 수 없다.

인생이라는 두 시간짜리 영화를 내내 망쳐놓고, 엔딩 크레딧이 올라가기 직전에서야 '미안해'라는 한 줄의 사과문이 나온다고 해서 그 모든 행동이 용서될 수는 없다는 의미다. 물론 죽음을 앞둔 본인은 그것을 만능 환불 쿠폰쯤으로 믿고 싶겠지만, 뉘우침에는 엄연히 유통기한이 존재한다.

그래서 죽음 직전에 꺼내는 미안함은 인생에서 가장 늦게 하는 거짓말일 수 있는 것이다.

흥분이 부르는
위험

무릇 사기꾼보다 무서운 것은 기적을 믿을 준비를 마친 자신이다. 그 이유는 욕심이 흥분을 부르고 흥분은 판단을 마비시키므로 사기일지라도 속임수가 아니라고 믿게 되면서 착각 동의서에 서명하기 때문이다. 따라서 보고 듣고 느낀 것을 믿기보다 흥분했는지부터 점검해야 한다.

'사기꾼은 기적을 보여주지 않는다.
다만, 이미 기적을 믿을 준비가 된 사람 앞에서
적당히 연극을 할 뿐이다.'

사기를 당하는 사람들은 설탕과 꿀을 구분하지 못하는 벌과 같다. 또한 빛나는 것이 모두 보석이 아님에도, 속을 준비를 마친 사람들은 속수무책으로 눈앞의 가짜를 진품이라 믿어버린다.

이러한 현상은 낡은 중고차를 보고 "이것은 빈티지 스포츠카야!"라며 제 손으로 계약서에 도장 찍는 것과 다르지 않다. 인간은 누구나 달 콤한 유혹에 약하기 때문에 눈앞의 이익에 눈이 멀어 이성이 쉽게 마 비되기 마련이다. 이는 보고 싶은 것만 보고 듣고 싶은 것만 듣는 인간 의 보편적인 습성에서 비롯된다.

사기꾼들은 마법사가 홀로그램을 보여주듯, 인간의 심리적 취약점 을 교묘히 파고든다. 즉, 사기를 낭한다는 것은 현실을 구분하지 못하 는 최면 상태와 같다. 그러니까 사기를 당하고 싶지 않다면, 덫 안의 치즈에 홀려 죽음을 자초하는 쥐를 자주 떠올려야 한다.

감정이란 대부분 선택적 추상화에서 시작된 인지적 오류이거나 편집된 기억의 하이라이트이다. 즉, 좋거나 나쁜 것 중 하나를 선택한 다음 그에 걸맞은 표현을 쏟아낸 것일 뿐이다. 그래서 감정은 진실이기보다 느낌 편집자의 자작극에 가까운 것이다.

'감정은 생각보다 먼저 나타나지 않는다.
오직 생각을 정당화하기 위해 뒤따라 등장할 뿐이다.'

우리가 느끼는 감정이라는 것은 생각에 따라 조립되기 때문에 선두에서 자신을 드러내지 않는다. 그래서 감정은 있는 그대로의 사실이라기보다 입맛에 맞게 골라 편집한 해석일 뿐이며, 진실의 전체가 아니라 내가 선택적으로 골라낸 편파적인 조각인 셈이다.

더욱이 감정은 좋고 나쁨을 미리 설정해두고 써 내려가는 혼자만의 픽션과 같아서 전체를 놓치게 만든다. 예컨대 친구가 "영화 보러 갈까?"라고 물었는데 내가 "싫어"라고 대답했다 해보자. 나중에 친구 표정이 어두운 것을 보고는 '내가 거절해서 친구가 화났구나'라고 지레짐작한다. 하지만 알고 보니 친구는 나한테 화가 난 게 아니라, 넘어져서 무릎이 깨진 것 때문에 표정이 안 좋았던 것이다. 즉, 내 감정이 '친구가 날 싫어한다'로 생각하게 만들어버린 것이다. 마치 케이크 한 조각만 먹고 "전체 케이크가 맛없어!"라고 말하는 것처럼.

감정이란 세상을 있는 그대로 보지 않고, 내가 원하는 대로 골라 인식한다. 그래서 우리가 느끼는 감정은 사건의 실체라기보다는 현재의 기분에 맞춰 선택적으로 도려낸 해석의 단편일 뿐이다.

**사람을 낚는
기술**

사람의 마음을 얻는 일은 참된 미끼로 물고기를 낚는 것과 같아야 한다. 그런데 교활한 자는 루어(lure, 낚시할 때 쓰는 가짜 미끼)처럼 가짜 진심으로 사람을 꼬드기거나 약간의 진심을 섞은 페르소나(Persona, 그리스 어원의 '가면'을 나타내는 말로, '외적 인격' 또는 '가면을 쓴 인격'을 뜻한다)를 빚어 유혹하려 한다.

**'진정성을 가장한 매력적 미끼는
강력한 사회적 계략이다.'**

선물을 포장할 때 가장 예쁘고 화려한 포장지를 쓰듯, 누군가의 마음을 얻으려는 이들은 첫인상의 위력을 잘 알고 있다. 그들은 자신의 진실된 모습은 물론이고, 의심의 여지가 없도록 신뢰를 덧댄 주변 상황까지 자발적으로 노출하며 상대를 안심시킨다.

예컨대 처음에는 고민을 들어주며 아낌없는 칭찬으로 다가오지만, 신뢰가 쌓이면 점차 무리한 요구를 늘리며 상대의 에너지를 갉아먹는 이들이 바로 그러하다. 이들이 보였던 초반의 관심은 신뢰를 얻기 위한 연극이자 상대를 끌어들이기 위한 미끼에 불과하다.

이런 수법은 초기 난도를 낮춰 흥미를 유발한 뒤 점진적으로 결제를 유도하는 게임이나 무료 서비스로 사용자를 길들인 후 유료 전환으로 수익을 극대화하는 온라인 채널의 생태계와 닮아 있다.

이처럼 목적을 이루려는 사람일수록 본심을 철저히 숨긴다는 것을 기억해야 한다. 그들은 꽃봉오리와 꽃잎을 거쳐 꽃받침을 지난 뒤에 가시를 드러내야만 상대가 경계하지 않는다는 유혹의 원리를 이용할 줄 안다.

5

다시 찾을 때,
비로소
끄덕여지는 것

: 잊고 있던 것을
  다시 만나는 순간

죽음에 대한 역설

몸의 쇠퇴를 인간이 막을 수 있다면 죽음은 행복이 아닐 수 있지만, 그럴 수 없기에 죽음은 축복이 된다. 몸이 쇠약해지는데도 죽음이 오지 않는다면, 인생은 끝나지 않는 '오징어 게임'과 같은 공포일 수 있다. 따라서 몸에 기운이 다했을 때 찾아오는 죽음은 게임 종료 알림처럼 반가운 것이다.

**'인간에게 가장 공평한 것은 각자에게 주어진 시간이며,
가장 불공평한 것은 죽음이 찾아오는 순간이다.'**

죽음이 인간에게 두려움과 공포를 주는 것은 분명하다. 하지만 그렇다고 해서 죽음이 그저 무서운 것만은 아니다. 죽음이 아예 두렵지 않다는 게 아니라, 오히려 죽음이 행복일 수 있다는 뜻이다.

삶이 끝없는 파티라면 처음엔 신나겠지만, 그 즐거움이 계속될 리 없다. 밤새 춤추고 나면 다리가 아프고, 목이 마르며, 결국 잠이 오기 마련이다. 그때 누군가 "이제 그만 쉬어도 돼"라고 말해준다면 어떨까? 어쩌면 죽음이란 몸이 "더는 못 버티겠다"라고 외치는 순간, 오래 기다려온 휴식처럼 다가오는 마지막 배려일지도 모른다.

죽음이란 한 곡의 아름다운 음악이 끝나는 순간과도 같다. 음악이 끝났다고 해서 그 감동이 사라지는 게 아니라, 오히려 그 여운은 사람들 마음속에 오래 남기 때문이다.

죽음은 음악의 마지막 음표처럼, 우리가 살아오며 쌓아온 모든 것의 완성을 의미하기도 한다. 그래서 죽음이 전적으로 두렵지 않은 이유는 그 유한함 덕분에 삶의 매 순간이 얼마나 소중한지 깨닫게 되기 때문이다.

세상에서 가장
유치한 신념

그 어떤 시련이 닥쳐와도 변함없이 옆을 지켜주는 사람에게 쑥스러워서 손 한 번 못 잡고, 체면 때문에 미안하다는 말조차 꺼내지 못하는 사람들이 있다. 간지럽다며 고마움을 속으로만 삼키거나 평생 닭살 돋는 말을 안 해봐서 사랑한다는 말이 입 밖으로 나오지 않는다고 변명하는 사람들도 있다. 당신이 그중 한 사람이라면, 당신은 세상에서 가장 유치한 신념을 가진 이가 분명하다.

'표현은 어른다운 관계의 연료이자 용기의 증명이다.'

인간관계에서 가장 어색하게 느껴지는 말들이 사실은 가장 필요한 것들이다. 특히 '미안해'라는 말은 자존심이 상해 어렵고, '고마워'라는 말은 쑥스러워 망설이며, '사랑해'라는 말은 어색하다는 이유로 꺼내지 못한다면, 당신은 어른이 아니라 감정의 유치원생일 뿐이다.

사실, 가까운 이에게 감정을 표현하지 못하는 근본 원인은 단순히 수줍음 때문이 아니다. 이는 관계를 대하는 기본적인 예의와 매너의 부재이며, 표현을 미루거나 생략하는 행위는 관계를 냉대하는 미성숙의 표출이다.

표현은 소중한 이를 위해 겨울의 찬 바람을 막아주는 담요와 같다. 상대를 향한 표현을 아끼는 것은 그가 추위에 떨고 있음을 알면서도 담요를 건네지 않는 방관과 같기 때문이다.

물론, 마음을 표현하는 일은 거센 비바람을 뚫고 꽃에 앉는 나비의 비행처럼 누군가에게는 어렵고 힘들 수 있다. 하지만 나비가 꽃에 앉기를 포기한다면 우리 관계에서 더 이상의 행복은 기대할 수 없다.

평생 오해 속에 갇혀 고독하게 늙어갈 생각이 아니라면, 지금 당장 관계를 대하는 태도부터 바꿔야 한다.

조급할수록
봐야하는글

조바심은 판단력을 흐리게 만들어 실수를 부르는 술과 같지만, 침착함은 위기를 극복하게 하여 기회를 잡게 만드는 약과 같다. 조바심은 해가 떨어지기 전에 어둠을 앞당기지만, 침착함은 오히려 새벽을 일찍 불러들인다.

**'조바심은 실수의 문을 열고,
침착은 가능성의 창을 연다.'**

조바심은 무작정 문을 두드리며 아까운 기력을 소진하게 하지만, 침착함은 열쇠를 찾아 문을 열게 한다. 이를테면 라면을 끓일 때 10초마다 뚜껑을 열어 면을 퍼지게 만드는 것이 조바심이라면, 타이머를 맞추고 기다렸다가 완성된 라면을 먹는 것이 침착함이다.

지금 내가 서 있는 곳이 너무 어두워 아무것도 보이지 않는다면, 가장 먼저 해야 할 일은 감각이 적응할 시간을 넉넉히 갖는 것이다. 어둠 속에서 시력을 회복하기 위해 기다리는 시간은 결코 멈춰 있는 것이 아니다. 오히려 조급함에 섣불리 움직이는 행위는 짙은 안개 속에서 길을 잃은 배처럼 상황을 악화시킬 뿐이다.

그러니까 차분히 감각을 열고 기다리다 보면 희미하게나마 주변의 형체가 드러나기 시작한다. 시각장애인이 지팡이 하나로 세상을 가늠하듯, 마음을 가라앉히고 살피다 보면 보이지 않던 새로운 길도 기어이 감지되기 마련이다.

조바심은 판단을 흐려 실수를 유도하지만, 침착함은 위기를 기회로 바꾸는 열쇠가 된다. 그래서 조급한 이는 밤에 갇히지만, 침착한 이는 아침에 닿는 것이다.

진짜 인간과
가짜 인간

실수는 인간이 되기 위한 입학증서이고, 반성은 인간으로 남기 위한 졸업시험이다. 실수는 누구나 하지만, 반성은 아무나 하지 않는다. 그렇기에 실수 위에 반성을 쌓는 이는 인간다운 인간으로 성장하고, 실수 위에 변명을 깔아놓는 이는 가식적인 인간으로 퇴보한다.

'인간은 실수로 증명되지만,
반성과 개선하려는 태도 없이는 완전한 인간이 될 수 없다.'

실수는 우리가 성장하는 과정에서 피할 수 없는 일이다. 아기가 걸음마를 배우며 수없이 넘어져야 비로소 걸을 수 있게 되는 것과 같다. 결국, 넘어지는 순간을 어떻게 대하느냐에 따라 완성된 인간과 미완성된 인간으로 갈린다는 의미다.

회사에서 중요한 메일을 잘못 보냈을 때, 누군가는 "시스템 오류였

습니다"라며 책임을 회피하고, 누군가는 "제 실수입니다. 앞으론 이중으로 확인하겠습니다"라며 즉각 사과한다면 결과는 어떨까? 당연히 신뢰를 얻고 성장할 기회를 잡는 쪽은 후자일 것이다. 실수는 누구나 저지를 수 있지만, 그 실수를 대하는 태도와 개선 의지는 오직 개인의 선택에 달려 있다.

인간의 실수는 불완진힘을 드리내는 증기이지 성장 가능성을 암시하는 신호이다. 그러나 실수 이후의 행동, 즉 반성과 개선의 자세가 그 사람의 진정한 가치를 결정한다. 따라서 실수가 피할 수 없는 돌발 사고라면, 사고 후 자기 반성과 수습 노력만이 운전면허를 유지할 수 있음을 명심해야 한다.

신이 준
인간의 형벌

신이 인간에게 주는 형벌이란 죄책감이라는 악성 종양과 같아서 피하려할수록 종양은 더 빨리 번지고, 망설이는 시간만큼 양심의 고통은 더 깊어진다. 따라서 잘못을 저질렀다면 주저하지 말고 책임이라는 메스를 들어 양심의 가책이라는 종양을 즉시 도려내는 것이 맞다.

'양심은 고통이 아니라, 고치라는 신호다.'

잘못을 숨기는 행위는 열이 날 때 담요를 덮는 것과 같다. 당장은 온기를 느낄지 몰라도 근본적인 고열은 떨어뜨릴 수 없다. 즉, 은폐로 얻은 일시적인 평온은 결국 죄책감이라는 이름의 더 큰 병을 키울 뿐이다.

이러한 죄책감은 고장 난 기계의 마찰음과 같아서, 초기에는 작게 들리기 때문에 무시하기 쉽다. 하지만 수리를 미루면 결국 기계 전체가 멈춰버리듯, 책임을 회피한 대가는 머지않아 일상을 잠식하는 거대한 고통으로 돌아온다. 또한 죄책감은 영혼을 옥죄는 거미줄과도 같다. 처음에는 가느다란 실오라기 같아 보여도 시간이 흐를수록 굵고 끈적해져 마음을 얽어매고 숨통을 조여온다. 이 거미줄을 끊어낼 유일한 방법은 줄이 가늘 때 책임을 지는 것뿐이다.

죄책감으로부터의 도망은 잠시 숨통을 트이게 할 수 있다. 하지만 양심이라는 사냥꾼은 가책의 냄새를 맡고 끝내 당신을 찾아내 총구를 겨눌 것이다. 따라서 책임이야말로 양심 사냥꾼으로부터 자신을 방어할 유일한 안전 요원인 셈이다.

죄책감이라는 암이 말기에 이르렀음에도 책임이라는 메스를 들 용기가 없다면, 당신은 결국 고립과 평생 동거하게 될 것이다.

바닷속 해삼은 힘센 적이 자신을 잡아먹으려 한다는 것을 감지하면, 재빨리 내장을 내어준 후 그 자리를 유유히 피한다. 이는 단순히 적에게 맞추는 굴복이 아니다. 자신의 생명을 지키는 전술이자 후일을 도모하기 위한 일보 후퇴의 상책이다.

'현명한 희생은 적을 기쁘게 하는 것이 아니라,
우리의 미래를 보장하는 전략이다.'

살아가다 보면 누군가에 의해 궁지에 몰려 치욕적인 희생을 감수해야 할 순간과 마주한다. 그럴 때는 큰 산을 피해 옆으로 흘러가는 구름처럼 처신하거나 거센 바람이 불어닥칠 때 미련 없이 잎을 떨구는 나무처럼 대응해야 한다.

예컨대 회식 자리에서 자존심을 세우며 끝까지 술을 안 마시겠다고 고집부리다 분위기를 어색하게 만드는 사람과 적당히 웃으며 물 한 잔 들고 건배하는 사람의 차이를 생각해볼 수 있다. 한마디로 고집은 강함이 아니라 무모함일 뿐이고, 유연함은 비굴함이 아니라 영리한 전략인 셈이다.

이러한 유연함은 강도에게 지갑을 던져주고 목숨을 구하는 지혜와 같다. 즉, 자존심은 성힐지라도 싫은 계속되기에 지갑을 내이주고 몸을 지키는 실리를 택하는 것이다. 반면, 지갑을 지키려다 몸까지 망가지는 것은 어리석은 아집이다. '이건 줘버리고, 그 대신 살아남는다'라는 냉철한 판단이야말로 가장 현명한 생존 전략이다.

진짜 강한 사람도 자존심을 버려야 할 상황이라고 판단되면 두 번 생각하지 않고 그냥 버린다. 그것은 굴복이 아니라, 다음 라운드에서 승리하기 위한 계획된 후퇴이기 때문이다.

유혹의 바람과
이성의 돛

유혹은 늘 산들바람처럼 살랑살랑 불어오기 때문에 정면에서 거절하기보다 갈대처럼 흔들리며 생각할 시간을 확보하는 것이 현명하다. 확보한 시간을 이용해서 냉정한 이성으로 판단 후 행동하는 것이야말로 절제와 예의로 드러나는 인간의 품격이다. 그래서 실수는 즉흥에서 나오고, 해답은 숙고에서 나오는 것이다.

**'유혹에 흔들리는 건 자연스러움이고,
흔들리며 판단하는 건 인간다움이다.'**

유혹의 바람이 불어올 때 감정은 출렁일지언정, 결정만큼은 서두르지 않아야 후회하지 않는다. 지나치게 달콤한 유혹일수록 날카로운 칼날을 숨기고 있으니, 정면으로 맞서기보다 흐느적거리는 옷깃처럼 휘어지며 생각할 시간을 버는 지혜가 필요하다.

성급한 거절은 기회를 막을 수 있지만, 유연한 지연은 더 나은 선택을 찾아내게 한다. 이는 밀려오는 유혹의 파도에 몸을 던지기보다 서퍼처럼 그 흐름을 타며 기회를 엿보아야 한다는 의미다. 그렇게 확보한 시간 속에서 차분히 상황을 분석하는 것만이 인간관계 속에서 발생하는 낭패를 피하는 유일한 길이다.

솔깃한 제안은 대개 당신의 지갑을 노린다. 따라서 생각할 시간을 갖는 것은 지갑을 닫고 이성이라는 금고에 소중한 자산을 보관하는 기술과 같다. 진정한 방어는 정면 대결이 아니라, 의도적인 지연을 통해 상대의 진의를 파악하는 심리전에서 시작된다.

오답은 대개 즉답에서 나오고, 정답은 충분한 냉각기를 거친 뒤에야 비로소 그 모습을 드러낸다. 겉으로 드러난 현상 너머를 보기 위해서라도 반드시 생각의 시간을 확보해야 한다. 요컨대 들은 것과 본 것을 성급하게 믿는 것은 실수의 시작이다.

실수와 실수가
아닌 것

상견례 날, 식사 자리에서 갑자기 터져 나온 재채기는 실수다. 이는 서로 약속했던 의무적 약속을 어긴 행위가 아니기 때문이다. 실수란 운전 중 빗길에 미끄러지는 것이지, 결코 하면 안 되는 음주 운전과는 차원이 다르다.

**'모른 척하는 선택은 계산된 기만이고,
알면서 저지른 행동은 계획된 범죄이다.'**

실수란 예기치 못한 순간에 발생한 통제 불능의 사고다. 식당에서 맞은편 사람의 셔츠에 국물을 튀긴 상황을 생각해보자. 이것이 실수라면 찰나의 부주의가 부른 돌발 상황일 뿐이지만, 고의라면 상대에게 작정하고 해를 끼친 악행이다. 결과는 같아 보일지라도 그 뿌리가 되는 인과관계는 완전히 다르다.

이러한 의도의 차이가 책임을 묻는 기준이 된다. 실수는 갑작스러운 감기처럼 예고 없이 찾아오기에 인간적 한계로 이해받을 수 있지만, 고의는 치밀하게 계획된 선택이기에 용서받기 힘든 책임의 대상이 된다.

진정한 의미의 실수는 조금의 예견이나 인지도 없었어야 성립한다. 따라서 반복적으로 저지르는 나쁜 습관은 결코 실수가 될 수 없다. 그리고 실수란 자신도 모르는 사이에 지지른 일이기 때문에 우리는 반사적으로 사과하고 수습하는 것이다.

이처럼 예상치 못한 실수는 인간의 불완전함을 보여주는 찰나의 어긋남이지만, 고의적인 잘못은 방향을 의도적으로 틀어버린 선택이자 도덕적 결함의 증거이다.

**의존과
독립 사이**

엄마가 끓여준 라면이 좀 짤 때, 지혜로운 아이는 알아서 뜨거운 물을 넣어 먹는다. 하지만 어리석은 아이는 다시 끓여달라고 짜증부터 낸다. 그리고 현명한 부모는 짠맛의 해결 방법을 알려주지만, 어리석은 부모는 화내면서 다시 끓여준다.

'지혜로운 아이는 부모의 마음을 따뜻하게 데우는 온돌과 같고,
현명한 부모는 아이의 앞날을 밝혀주는 호롱불과 같다.'

지혜로운 아이는 숙제가 어려워도 스스로 풀려고 노력하지만, 어리석은 아이는 "엄마가 해줘"라고 요구한다. 현명한 부모는 학습법을 가르치지만, 어리석은 부모는 대신 해주며 자립을 막는다.

이러한 현명함은 진정한 독립의 토대가 된다. 지혜로운 자식은 의존이 아닌 성숙한 자립을 준비하고, 현명한 부모는 독립을 단순히 '따로 사는 것'으로 가르치지 않는다. 그래서 현명한 부모는 아이가 길을 잃었을 때 지도 읽는 법을 알려주지만, 어리석은 부모는 그저 목적지까지 데려다주고 만다.

모든 것을 요구하는 자식은 부모의 삶을 갉아먹고, 모든 것을 대신해주는 부모는 자식의 능력을 훔친다는 사실을 명심해야 한다.

이는 비단 가족관계에만 국한되지 않는다. 예컨대 새로운 프로그램을 사용할 때, 지혜로운 이는 스스로 해결책을 검색하거나 재부팅하며 능동적으로 대처한다. 반면, 어리석은 이는 무작정 개발자에게 전화를 걸어 화부터 낸다. 결국 문제는 해결될지 몰라도, 스스로 뚫고 나가는 법을 배우지 못한 의존형 인간으로 남게 된다.

불안에게 건네는
단정한 대답

때때로 좌절과 불안감 그리고 외로움이라는 폭력배가 예고 없이 나타나 "왜 사냐?"며 겁을 줄 때가 있다. 그럴 땐 언제 올지 모르는 먼 행복 말고 곧 마실 달달한 믹스 커피 한 잔 때문에 산다고 대답하면 된다. 인생은 거창한 철학보다 당도가 먼저이고, 심오한 의미보다 따뜻한 온기가 먼저일 때가 더 많기 때문이다.

'슬기로운 삶이란 인생이 힘들다고 느껴지는 순간,
지금 당장 기분이 좋아지는 걸 떠올리는 것이다.'

배터리가 5% 남은 휴대폰에 필요한 것은 장시간 완충이 아닌 당장의 10분 충전이듯, 우리 삶도 거창한 전략보다 현재의 에너지를 회복할 힘이 먼저다. 아무리 거창한 목표라도 지금 당장 움직일 기력이 없다면 종이 위의 낙서에 불과하기 때문이다.

이런 이유로 우리에겐 일상의 미니 충전이 절실하다. 짧은 낮잠, 좋아하는 노래 한 곡, 달콤한 음료 한 잔이 여기에 해당한다. 이런 작은 충전은 지친 정신의 스위치를 다시 켜고 벅찬 일상을 마주할 최소한의 기운을 되찾아준다.

결국 현실에서 필요한 건 거창한 선언보다 눈앞의 작은 안녕이 먼저다. 점심시간 따끈한 국물 한 순갈이 위로, 퇴근길 이어폰 너머 흐르는 음악, 샤워 후 닿는 옷감의 포근함 같은 것들 말이다. 또는 주말의 늦잠 뒤 즐기는 웹툰 한 편이나 반려동물을 쓰다듬으며 느끼는 안도감 역시 우리의 회복탄력성을 높여주는 꿀 같은 에너지다.

어느 날 갑자기 힘든 감정의 파도가 밀려올 때는 심오한 철학보다 혀끝의 당도가, 거창한 의미보다 손끝의 따뜻함이 더 절실할 수 있음을 기억하자. 그런 사소한 안녕이야말로 우리가 감정의 늪에 빠지지 않도록 막아주는 가장 견고한 방파제다.

**브랜드 말고
가치**

반짝이는 포장지는 시선을 끌 수 있지만, 반짝이는 내용물은 마음을 끌 수 있다. 미려한 껍질은 기대를 만들지만, 당도 높은 과육은 깊은 인상을 남긴다. 그래서 달콤한 생크림은 유통기한이 있고, 맛있는 김치는 숙성기간이 있는 것이다.

**'첫인상은 손을 잡게 하지만,
진심은 라면을 함께 먹게 만든다.'**

외양은 찰나의 시선을 사로잡을 뿐이지만, 마음을 붙드는 것은 결국 진심이다. 시간이 지날수록 화려한 포장은 빛바래기 마련이지만, 우러나온 진심은 쉽게 사라지지 않음을 의미한다.

온라인 세상도 다르지 않다. 화려한 썸네일로 클릭을 유도할 순 있어도, 알맹이 없는 내용은 실망만 남길 뿐이다. 진심 없는 콘텐츠는 시선을 훔칠 뿐 마음을 붙들지는 못한다.

인간관계 또한 마찬가지다. 번지르르한 소개팅 프로필은 잠시 기대를 낳겠지만, 진심 어린 대화가 이어지지 않는다면 그 관심은 금세 사그라든다. 결국 사람의 마음을 얻는 것은 눈부신 첫인상이 아니라, 그 뒤에 감춰진 성숙한 인품과 일관된 행동이다.

가치를 판단할 중요한 순간, 내면의 진가를 파악하기 위해서는 반드시 치러야 할 대가가 있다. 그것은 바로 지난하리만큼 긴 시간과 숨 막힐 정도로 깊은 관찰이다. 그 지난함과 숨 막힘을 견디지 못한다면, 그 결정은 속단이 되어 손해가 악수를 청할 것이다.

가족이란

가족은 전기 콘센트와 멀티탭처럼 서로 연결된 존재다. 플러그 하나만 꽂아도 집에 불이 켜지지만, 여러 개가 모이면 집 전체가 더 밝아진다. 이는 곧 한 사람의 미소만으로도 분위기는 환해지지만, 가족 모두가 함께 웃으면 집안이 정말 따뜻해진다는 의미다. 그래서 가족이란 '혼자서도 괜찮아'가 아니라, '함께라서 더 좋아'라는 상호의존관계인 것이다.

**'가족이란 어느 한 사람이 잘 버티는 게 아니라,
모두가 버틸 이유가 없도록 나누는 것이다.'**

흔히 가족을 한 그루의 나무에 비유한다. 하지만 건강한 가족은 한 사람이 모든 영양분을 공급하는 단일 개체가 아니라, 구성원들이 서로 기대어 의지하며 뿌리를 내린 울창한 숲에 가깝다.

어떤 가정에서는 아버지가 생계의 무게를 홀로 책임지고 어머니는 육아와 모든 감정적 짐을 떠안는다. 그런데 문제는 아이들이 이런 불균형을 가족의 당연한 모습으로 인식하며 성장한다는 점이다.

결국 시간이 흐를수록 영양분을 독점적으로 공급하던 아버지는 말 없이 지쳐 쓰러지고, 어머니는 조용히 감정적으로 무너진다. 그리고 아이들마저 침묵이라는 거리감 속에서 방치되는 것이 특정 개인에게만 의존하는 나무 가족의 치명적인 위험이나.

그렇다면 숲과 같은 가족이 되려면 어떻게 해야 할까? 때로는 아버지도 기댈 곳을 찾아야 하고, 어머니도 힘든 감정을 나눌 수 있어야 하며, 아이 또한 부모에게 위로를 건네는 일이 자연스러운 분위기여야 한다.

단단한 가족은 개개인의 능력치만으로는 완성될 수 없다. 서로 의지하면서 감정적, 물질적 자원을 아낌없이 나누는 유기적인 연대가 이뤄져야 한다.

환영 없는
탄생

세상에 날 때 우리를 맞이한 것은 풍선과 케이크가 쌓인 파티가 아니라, 매뉴얼 없는 실전 모드의 생존 게임이었다. 이것은 일시 정지나 리셋 버튼조차 없는 단판 승부 게임으로, 오직 지금껏 살아남은 사람만 다음 라운드 진출권을 얻는다. 이런 거친 게임판에서 버텨낸 당신이야말로 다음 스테이지를 나아갈 자격이 있는 진짜 챔피언이다.

'그대가 지금까지 살아온 것은 기적이 아닌, 실력이다.'

삶은 누구에게나 냉담하다. 과거에도 그랬고, 미래라고 다르지 않을 것이다. 그러나 삶의 냉정함이 모든 것을 포기할 이유가 되지는 않는다. 오히려 그런 순간일수록 새로운 시작을 선택할 용기가 필요하다.

인생은 자막 없는 라이브 방송과 같다. 대본 없이 실수가 그대로 노출되지만, 중단 없이 이어가는 것 자체가 가치를 증명한다. 그래서 실수는 실패가 아니라, 끝까지 화면을 지키는 그 지속성이야말로 진정한 용기이자 승리인 셈이다.

어떤 이는 시작부터 불리한 조건에서 출발하기도 한다. 가난의 굴레나 부모의 지지조차 기대할 수 없는 척박한 환경에서 자란 사람들이다. 심지어 그중에는 축복 어린 탄생 대신 오직 생존만을 증명하며 처절하게 하루를 견뎌온 이들도 있다.

중요한 것은 그들이 과거의 아픔을 성장의 자양분으로 삼는 순간이다. 이때가 바로 부정과 좌절이 긍정과 새로운 시작으로 뒤집히는 순간으로, 진정한 자기계발의 출발점에 섰음을 의미한다.

흘려보낸 시간이
가르쳐준 이름

"몸에 문제가 있네요"라는 의사의 말 한마디가 인생 궤도를 180도 바꿔 버리는 경우가 있다. 사람들은 그제야 진심 없이 흘려보낸 시간에 후회라는 이름을 붙인다. 그런데 인생의 불확실성을 이미 깨달은 사람은 흘려보낸 시간에 후회라는 이름을 붙이지 않는다.

**'진심을 미루는 사이 몸의 고장 신호는
수십 년의 방심을 계산서로 청구한다.'**

진심 없이 보낸 하루는 밥을 건너뛰고 영양제만 챙긴 것과 같다. 당장 몸은 멀쩡해 보여도 마음은 허기진다. 이 공허가 쌓이면 결국 몸까지 병들고, 미뤄둔 후회는 어느덧 복리 이자가 붙은 빚더미가 되어 냉정하게 계산을 요구한다.

사람들은 흔히 몸의 병이 과도한 노동에서 온다고 믿지만, 실상은 무관심하게 보낸 일상 속에 숨어 있다. 이는 당장 눈앞에 위기가 닥치기 전까지는 쌓이는 피로의 심각성을 모르기 때문이다. 즉 대부분의 사람은 바빠서 삶을 소홀히 한다고 생각하지만, 실제로는 무심해서 스스로를 병들게 하고 있다는 것을 모르고 있을 뿐이다.

이제라도 깨달아야 한다. 눈 깜짝할 사이에 흘러간 찰나의 순간이 이미 과거로 변했다는 사실을. 그리고 후회를 추억으로 비꿀 유일한 기회인 오늘이 지금 당신 곁을 쏜살같이 스쳐 지나가고 있다는 것을.

결혼준비란

죽을 때까지 혼자 살 생각이라면 타인을 칭찬할 필요는 없다. 하지만 이성을 만나 결혼을 생각한다면 칭찬을 능숙하게 할 수 있을 때까지 연습해야 한다. 그 이유는 결혼이란 저녁마다 한 침대에서 함께 자고 아침마다 한 식탁에서 밥을 먹기 때문이다. 그래서 킬러조차 자신의 안위가 위협받기 좋은 환경임을 알기에 반려자에게 칭찬하며 사는 것이다.

**"사랑한다는 말보다 위험한 건
'너무 예쁘다' 또는 '진짜 멋있다'라는 말을 하지 않는 것이다."**

결혼생활에서 칭찬은 마치 정치인의 공약과 같아서 선거 기간에는 듣기 좋은 말을 잔뜩 하지만, 정작 당선되고 나면 잊어버린다. 그러나 가정의 행복을 위해서는 칭찬 공약을 꾸준히 이행해야 한다. 물론, 살다 보면 칭찬 공약을 잠시 잊거나 놓칠 때도 있다. 이때는 깜짝선물이라는 만능 카드를 활용해 관계를 회복하는 비상구로 삼으면 된다.

결혼은 자신을 지켜줄 감정 경호원 없이 매일 상대와 관계를 맺는 일이기 때문에 일상의 소소한 마찰을 모두 피하기 어렵다. 따라서 갈등 상황을 대비하고 관계를 원활하게 이끌어갈 칭찬 무술 정도는 반드시 겸비해야 한다. 즉, 칭찬은 상대방의 기운을 북돋는 가장 강력하고 기본적인 무기인 것이다.

참고로 아내가 남편에게 하면 좋은 칭찬으로는 "혹시, 당신 가슴에 아이언맨의 아크리액터라도 박혀 있는 거야? 너무 남자답다" 또는 "이런 걸 어떻게 한 거야? 캡틴 아메리카의 원형 방패라도 숨겨놨어?"와 같은 말이 있다.

아내에게 하면 좋은 칭찬으로는 "당신이 지나가니까, 자동차들이 다 멈추네. 너무 이뻐서 그런가 봐" 또는 "오늘 아침 햇살이 당신한테 레슨 받았나? 얼굴이 반짝이네!"라는 향기로운 말이 있다.

영혼 없는 다짐

중요하다고 입으로만 외치며 실천하지 않는 태도는 사랑한다고 말만 하고는 상대방의 전화번호조차 저장하지 않은 것은 물론이고, 데이트 약속조차 잡지 않는 무책임함과 같다. 또한 새벽 비행기 탑승 예약을 하고서도 알람을 맞추지 않은 사람과도 다를 바 없다.

**'중요하다고 말한 뒤 아무것도 하지 않으면,
그건 실천 없는 슬로건에 불과하다.'**

실행은 곧 진심을 증명하는 언어다. 우리는 말보다 먼저 행동하는 상대를 봤을 때 상대방의 진심을 믿기 시작한다. 말은 선언에 불과하며, 행동만이 결과와 책임을 담보하기 때문이다. 즉 말이 행동이라는 날개를 달지 않으면, 결코 현실이라는 목적지에 도달할 수 없다는 의미다.

예컨대 누군가 "이것은 중요해!"라고 입으로 외치기만 하고 팔짱만 끼고 있다면, 이는 무책임함과 다를 바 없다. 마치 "너 없인 못 살아"라고 속삭여놓고 상대의 연락을 '읽씹'으로 무시하거나 부재중 전화를 보고도 끝내 연락하지 않는 행위와 같다. 그래서 매 순간 '할게'라는 계획 대신 '했다'라는 확실한 결과가 더 중요하다.

입으로만 중요성을 외치는 사람은 맛집 탐험가라기보다 맛집 평론가와 같다. 리뷰는 화려하게 포스팅하지만, 정작 그 맛을 경험해본 적 없는 사람과 다르지 않다.

지금 당신 주변에 "시간 맞춰 나갈게"라고 호언장담을 해놓고 소파에서 미동도 하지 않는 사람이 있다면, 더 이상 그의 말에 귀 기울일 필요 없다. 행동 없는 말은 무책임의 다른 이름이기 때문이다.

맛보고 싶은 건 리필이 안 되고, 보고 싶은 건 스킵할 수 없는 게 삶의 엄격한 규칙이다. 하지만 그런 삶조차도 어쩌다 한 번쯤 '1일 VIP 티켓' 같은 호사를 누리도록 허락할 때가 있다. 이는 곧 자신을 위한 작은 사치 하나가 인생의 짠맛을 중화시킨다는 것을 삶 자체가 알고 있기 때문이다.

'삶의 고단함을 덮는 것은 기적이 아니라,
스스로 토핑한 작은 기쁨이다.'

인색한 삶은 우리에게 모든 것을 허락하지 않는다. 우리는 말하고 싶은 것, 듣고 싶은 것, 먹고 싶은 것, 입고 싶은 것, 느끼고 싶은 것조차 자유롭지 못할 때가 많다. 맛있는 치킨이 먹고 싶어도 예산 때문에 샐러드로 대신해야 하는 것처럼, 삶은 제한된 예산으로 쇼핑하는 것과 같다.

그러나 모든 욕망을 보류하거나 절제할 필요는 없다. 오히려 삶의 고단함을 이겨내는 동력은 거창한 목표보다 일상의 작은 사치에서 비롯되기 때문이다.

이런 작은 사치는 현실의 제약에서 벗어나 오직 자신에게 집중하는 보상 행위다. 예컨대 퇴근길 떡볶이 대신 고급 디저트를 맛보거나, 주말에 방구석 대신 오페라를 관람하거나, 낡은 티셔츠 내신 새로 산 옷을 차려입고 외출하는 것 등이 여기에 해당한다. 이처럼 어쩌다 한 번씩 시도하는 작은 사치들은 어느새 밋밋한 샐러드에 뿌려진 발사믹 식초처럼 삶에 짜릿한 풍미를 더해준다.

분명 삶은 우리가 마음대로 통제할 수 없는 맛과 장면으로 가득하다. 하지만 내가 선택한 작은 기쁨 하나가 그 모든 불쾌한 맛들을 충분히 상쇄할 수 있다. 그러므로 자신을 위한 호사는 낭비가 아니라 회복이 맞다.

사소한 선택의
역공

설계도조차 없는 우리네 인생 공사장에는 선택이라는 블록이 매 순간 끼워 넣을 기회의 순간으로 밀려든다. 하지만 이때 쉽게 눈에 띄는 화려한 블록부터 무심코 끼워 맞추기 시작하면, 결국 꼭대기에 도달하기도 전에 공들여 쌓은 탑이 와르르 무너지는 결과를 맞이하게 된다.

'무너짐은 무너질 수밖에 없는 사소한 선택들이
지금까지 쌓여온 결과다.'

우리의 삶은 도미노 게임과 같아서 작은 조각 하나를 대충 놓았다가 삶 자체가 무너지는 순간을 경험하곤 한다. 아주 사소한 선택 하나가 그동안의 노력을 한순간에 무너뜨리는 것을 말한다. 예컨대 대충 고른 점심 메뉴 하나가 다이어트 전체를 망치거나 아무 생각 없이 보낸 메시지 하나가 소중한 인연을 끝내버리는 것처럼.

우리의 선택은 인간관계에서도 치명적인 도미노 효과를 일으킨다. 종종 주변 사람들에게 잘 보이기 위해 혹은 외로움을 피하기 위해 진정성 없는 관계를 유지한다. 그러다 보니 싫은 부탁도 거절하지 못하고, 자신을 이용하는 사람에게조차 미움받을까 봐 거절의 말 한마디조차 내뱉지 못한다.

그런데 문제는 그런 피상적인 관계 속에서 정작 힘든 일이 생겼을 때 기댈 사람이 아무도 없음을 깨닫거나, 감정 소모가 심해져 쉽게 지쳐버린다는 것이다. 이것이야말로 겉만 화려하고 속은 텅 빈 인간관계를 쌓는 서글픈 비극이다.

우리는 누군가와 인연을 맺을 때마다 레고 블록 하나를 선택하는 셈이다. 대충 선택해서 끼운 블록은 인간관계를 넘어 삶 전체를 무너뜨릴 수 있기에, 매 순간 선택이라는 블록을 신중하게 잡아야 한다. 인생은 재건축이 안 되는 단 한 채의 건축물이기 때문이다.

사람을 쉽게
믿지 말라는 이유

잘못을 저지른 사람 대부분은 그리 길지 않은 시간 동안만 부끄러움을 느끼기 때문에 "사람은 쉽게 믿는 게 아니다"라고 말하는 것이다. 시간이 흐르면 그들은 미안함보다는 자신의 잘못을 '어쩔 수 없는 상황'이나 '다른 사람의 탓'으로 돌리려는 심리를 이용해서 새로운 변명거리를 만든다.

**'사람은 미안함보다 서사를 더 오래 품기 때문에
믿음은 검증 기간이 길수록 좋다.'**

사람을 쉽게 믿지 말라는 말은 결코 단순한 부정적 조언이 아니다. 인간은 본능적으로 죄책감을 오래 견디지 못하며, 시간이 흐를수록 반성 대신 자기합리화를 택하도록 설계되어 있기 때문이다. 그 결과 사과는 점차 사라지고 정당화가 그 자리를 대신한다.

결국 "미안해"라는 고백은 "내가 왜 그랬을까?"라는 반성에서 "내가 그럴 수밖에 없었어"라는 변명으로 슬쩍 둔갑한다. 이런 과정에서 타인에 대한 믿음은 소멸하고, 경계심만 더 강화된다.

실제로 처음에는 "정말 미안해"라고 말하며 고개를 숙였던 사람이 며칠 지나지 않아 "너도 한몫했잖아?" 혹은 "나도 어쩔 수 없었어"라면서 말을 바꾸는 경우를 흔히 볼 수 있다. 이런 모습들은 잘못에 대한 책임을 순식간에 휘발시키는 인간의 양심을 보여주는 명확한 증거다.

사람의 변명은 시간이 지날수록 논리적으로 정교해지지만, 그만큼 책임감은 약해지는 경향을 보인다. 즉, 누군가를 향한 신뢰는 초기의 죄책감이 희석되기 전까지만 진정성을 가질 수 있다는 의미다. 그러므로 잘못을 오래 기억하는 사람은 극히 드물다는 사실을 인정하고, 최대한 긴 시간을 두고 사람을 검증하는 것이 필요하다.

어제보다 늙은 그저께의 열정이 어제의 용감함을 만들었고, 오늘보다 늙은 어제의 용감함이 오늘의 성숙함에 이르게 했다. 그러므로 가장 젊은 오늘은 내일의 기대를 품게 할 기회임과 동시에 지금 선택한 열정은 내일의 내가 "잘했어"라고 말할 가장 확실한 근거다.

'항상 최신의 젊음은 오늘만 판매한다.
그래서 내일에는 약간의 젊음조차 없는 추억만 판매한다.'

어제의 삽질이 오늘의 스킬이 되고, 오늘의 어설픈 도전이 내일의 무기가 된다. 그러니까 오늘은 "그래도 아직은 가장 젊다"라고 우길 수 있는 날이자 미래에서 보면 "그때가 제일 젊었었지!"라며 후회할 유일한 타이밍이다.

그러니 "나중에"라는 헛기침은 집어넣고, 지금 가장 싱싱한 오늘을 절대 놓쳐서는 안 된다. 내일의 기대는 오직 오늘이라는 신선한 재료로만 빚어지기 때문이다.

그래서 꼭 기억해야 한다. 지금 이 순간이야말로 당신의 인생 전체를 통틀어 가장 똑똑하고 업그레이드된 버전의 나로 살아가고 있다는 것을. 설령 지금 그렇지 못하다고 느낄지라도 아무런 문제는 없다. 지금부터 다른 오늘을 살고자 하는 마음만 있다면.

사랑과 결혼에 대한
재해석

결혼할 상대는 여름철 수박이 아니기에 두드려보고 고를 수 없다. 또한 반려자는 선택 후 소유하는 대상이 아닌, 함께 삶을 겪어봐야 알 수 있는 파트너다. 사랑을 수박처럼 고를 수 있다면, 세상에 이혼이라는 단어는 없었을 것이다. 그래서 이혼을 실패라고 말하지 않는다.

**'사랑은 예측 불가의 관찰 카메라지만,
결혼은 편집 불가의 생방송 카메라다.'**

사랑이 한 번의 뜨거운 고백으로 시작되는 로맨틱한 환상이라면, 결혼은 현실의 시련을 조율하며 함께 성장하는 여정이다. 순간의 용기로 시작되는 사랑과 달리, 결혼은 지속적인 선택과 책임이 동반되어야 하기 때문이다. 사랑이 맛있는 휴식과 같다면, 결혼은 매일 아침 함께 깨어나 서로를 마주하는 일상의 반복이다.

활짝 핀 꽃을 감상하는 것이 사랑이라면, 결혼은 그 꽃밭을 일구는 땀의 연속이다. 게다가 결혼은 상대의 부족한 면까지 모두 감당하겠다는 의식적인 의지의 선언이기도 하다.

요컨대 결혼생활은 현실이라는 시련을 부부가 함께 해결하며 나아가는 과정이다. 서로의 실수를 기꺼이 품어주는 수용의 기술이야말로 결혼생활에 요구되는 가장 필요한 내공이다.

햇빛만으로
피지 못하는 삶

햇살만 머무는 정원은 복지 천국처럼 보인다. 하지만 비와 바람도 없는 탓에 새싹은 게을러 땅 밖으로 나올 생각도 하지 않고, 나무는 움직이지 않아 허리만 굵어진다. 결국 천국 같던 정원에는 초록이 사라진 무기력한 풍경만 남게 된다. 이처럼 인간의 삶 또한 따스한 일상만 있다면 휴식에 중독되어 성장 없는 식물인간이 될 것이다.

'비에 젖어본 씨앗만이 햇빛도 비타민으로 받아들인다.'

인생이라는 밭에 따스한 햇살만 내리쬔다면 그 결과는 풍요가 아닌 사막일 것이다. 마찬가지로 비만 내리면 늪이 되고, 바람만 불면 결국 폐허가 된다. 비가 내려야 땅이 촉촉해지고, 바람이 불어야 초록이 자라며, 눈이 내려야 비로소 풍경이 완성된다. 악천후가 나무를 단단히 단련시키듯, 시련은 인간의 내면을 굳건히 단련시킨다.

세상의 모든 변화에는 이유가 있다. 비와 눈과 폭풍과 번개는 혼란이 아니라 자연의 순리다. 지구는 이러한 기상 변화를 묵묵히 수용하며 균형을 유지한다. 인간 또한 내면의 정원이 사막으로 변하지 않도록 삶의 굴곡을 받아들여야 한다. 시련을 회피의 대상으로 삼지 않고 성장의 과정으로 인정하는 태도가 필요하다.

은은한 햇빛만 비추는 정원에서는 새싹도, 나무도, 꽃도, 열매도 자라지 않는다. 그곳에는 비바람과 눈보라를 뚫고 나갈 도전 기회조차 없기 때문이다. 그러니까 인생이라는 큰 정원을 푸르게 만들고 싶다면, 때때로 몰아치는 비바람과 무섭게 쌓이는 폭설까지도 마땅히 받아들여야 한다.

**예쁘고 멋있어지는
방법**

사실 '예쁘다'와 '멋있다'는 같은 회사 제품이다. 다만, '예쁘다'가 디자인 부서의 산물이라면, '멋있다'는 퍼포먼스 부서가 담당하는 영역일 뿐이다. 이 두 가지 매력을 동시에 작동시키는 버튼은 미소와 웃는 얼굴뿐이다.

**"아무리 '예쁨'과 '멋짐'이 매력적일지라도
미소가 소개팅을 주선하지 않으면 아무도 관심 없다."**

'예쁘다'라는 말은 '생긴 모양이 아름다워 눈으로 보기가 좋다'라는 의미를 품고 있다. 한편, '멋지다'라는 말은 '무척 보기 좋으며 훌륭하다'라는 의미와 '표정이나 행동이 귀엽고 사랑스럽다'라는 의미를 담고 있다. 요컨대 '예쁘다'와 '멋지다'는 모두 눈으로 봤을 때 호감이 가서 마음이 끌리는 상태를 말한다.

다행스럽게도 좋은 인상을 만드는 것은 그리 어렵지 않다. 단지 거울 앞에서 미소 한 번 짓는 것만으로도 절반은 성공한 것이나 다름없기 때문이다. 미소는 외모보다 오래 기억되는 인상이고 꾸밈보다 강한 설득력을 가진 표정이다. 즉 미소는 타고난 얼굴이 아닌, 오직 마음의 태도만으로 조절이 가능하다.

누군가가 당신을 예쁘다고 혹은 멋지다고 칭찬했다면, 그건 단순히 외모를 평가한 것이 아니라 세상을 대하는 긍정적인 마음의 태도를 발견했다는 의미다. 그런 만큼 더 많이 미소를 짓도록 노력하라는 메시지로 받아들여야 한다.

진실이 항상
필요치는 않다

진실이라는 것은 날카로운 수술용 칼과 같아서 문제의 환부를 도려낼 수 있지만, 마취 없이 칼을 사용하면 감당할 수 없는 고통만 느끼게 된다. 그래서 때로는 칼 같은 진실보다 위로라는 마취만으로도 위안이라는 붕대를 감은 듯 회복이 가능해진다.

'진실은 벨 수 있지만 위로는 벨 수 없고,
진실은 감쌀 수 없지만 위로는 감쌀 수 있다.'

쓴 약이 모든 환자에게 치료제가 되지 않는 것처럼 진실 또한 그렇다. 어떤 이는 그 쓴맛을 삼키고 회복하지만, 또 어떤 이는 그 독함에 속이 뒤집혀 쓰러지기 때문이다.

예컨대 상사의 부당한 지시로 힘들어하는 동료에게 "그 상사는 원래 그래! 네가 적응해야지. 어쩌겠어"라는 냉정한 진실을 건네는 것은 큰 도움이 되지 않는다. 그보다는 "정말 힘들었겠네! 내가 네 상황이었어도 그랬을 거야"라며 건네는 공감 한마디가 상대에게 더 실질적인 위안이 된다는 말이다.

진실은 햇빛처럼 어둠을 몰아내고 세상을 명확하게 보여주지만, 때로는 눈을 멀게 하는 레이저가 되기도 한다. 물론 진실은 병을 낫게 하는 쓰디쓴 약이 되지만, 때때로 달콤한 위로의 알약만으로도 위안을 얻어 회복하는 경우도 있다.

아무리 옳은 진실일지라도 상황에 따라 아픈 진실보다 현실을 이겨내게 만드는 희망이라는 소설을 선물하는 게 더 나을 때도 있다.

평등하게 존재하는 행복

많은 사람이 행복을 찰나의 빛 반사나 정체를 알 수 없는 UFO처럼 미확인된 감정으로 치부한다. 하지만 행복은 대단한 순간이 아니라 작은 반짝임들의 모음이다. 그렇기에 번개처럼 짧더라도 분명히 존재한다.

**'행복은 오래 남는 감정이 아니라,
별안간 스치는 빛이다.'**

행복은 빛과 물방울이 만들어내는 무지개와 같다. 그러므로 행복은 당연히 긴 시간일 수 없다. 오히려 짧은 순간의 즐거움이 모여 길게 느껴질 뿐, 그 본질은 찰나에 불과하다.

예컨대 퇴근길 아이스크림 할인 행사나 유난히 귀엽게 꼬리를 흔드는 강아지의 마중 혹은 기대치 않았던 친구의 안부 문자처럼 작고 사소한 뜻밖의 순간들이 행복의 실체다.

중요한 건 찰나의 행복에 실망할 게 아니라, 행복이 존재한다는 사실을 깨닫는 것이다. 그리고 찰나의 행복은 세상 모든 이에게 똑같이 적용된다. 즉 아무리 좋아하는 사람과의 만남도 헤어질 시간을 막지 못하고, 커다란 성취 또한 어느새 새로운 목표를 낳듯 행복은 순식간에 지나가기 마련이다.

행복이 길지 않음은 진리와 같다. 따라서 우리에게 남은 문제는 '짧은 순간의 행복을 얼마나 자주 내게 다가오게 할 것인가?'에 대한 노력 여부다.

외로움이란 단순히 정적인 상태가 아니라 오히려 혼잣말이 많아지는 동적인 상태다. 외로움이란 아무도 없는 공간이 아니라 다 같이 웃는 소리 속에 내 이름만 섞여 있지 않은 단절감이다. 외로움이란 혼자 있음이 아니라 관계 속에서 잊힌 느낌으로, 사람이 없어서가 아니라 내가 원하는 그 사람의 온도가 그리운 감정이다.

**'외로움이란 물리적인 고독이 아니라,
관계 속에서의 정서적 소외감이다.'**

외로움은 단순히 침묵하는 정적인 상태가 아니라, 오히려 혼잣말이 많아지는 상태다. "괜찮아", "다들 그렇게 살아", "잠깐이면 지나갈 거야"와 같은 말로 스스로를 위로할 때, 우리는 가장 깊은 외로움을 느낀다. 이는 입을 닫은 채 침묵하는 상태가 아니라, 내면의 대화가 폭주하는 매우 역설적인 상황이다.

또한 외로움은 사람이 없는 게 아니라, 사람들 속에서 소외되는 느낌이다. 예컨대 회식 자리에서 동료들의 웃음소리가 커질수록 내 농담은 타이밍을 놓치고, 내 이야기는 공기 중에 흩어지는 순간이 바로 그때이다. 인스타그램 단체 사진에서 나만 초점이 흐려진 것처럼, 분명 현장에 있었는데도 존재감은 지워진 상태와 같다.

결국 외로움은 사람이 곁에 없어서가 아니라, 나를 향한 마음의 체온이 식었음을 깨닫는 순간에 발생한다. 가족과 함께 있으면서도 각자 휴대폰만 바라볼 때 혹은 단체 채팅방에서 내 메시지만 공허하게 남겨질 때 느끼는 차가운 소외감이 본질이다.

이 모든 순간은 물리적으로는 혼자가 아니지만, 정서적으로 거대한 벌판 위에 홀로 선 듯한 추위를 느끼게 한다. 그러므로 외로움은 단순한 감정도 아니고 채워야 하는 공백도 아닌, 기억하고 싶은 온기가 사라졌음을 알리는 정서적 신호다.

살다 보면 상사의 칭찬이나 성공의 트로피처럼 빛나는 영광의 순간들을 맞이하게 될 때가 있다. 바로 그때, 눈부신 성공에 취하지 않고 책상 아래 쌓인 먼지를 닦는 태도가 진정한 겸손이다. 이런 겸손이야말로 추락을 막는 안전벨트이자 더 높이 도약하게 만드는 연료이다.

'성공은 한 번의 박수 소리지만,
겸손은 평생의 울림이다.'

비싼 새 옷을 입으면 신발에 묻은 먼지를 등한시하게 되고, 명품 구두를 신으면 바닥의 먼지를 피하려고 애쓴다. 하지만 진짜 멋쟁이는 우아한 옷차림에도 가끔 쭈그려 앉아 신발을 닦거나, 명품 구두를 신고 바닥의 먼지를 쓸어 담는다. 참된 우아함은 이처럼 자신을 낮출 줄 아는 겸손에서 비롯된다.

인생도 마찬가지다. 때로는 성공이라는 명품 코트를 잠시 벗고, 낡은 앞치마를 입을 담대한 용기가 필요하다. 대단한 척하지 않고 묵묵히 뒷정리를 도맡는 순간, 오히려 사람들은 더 우월하게 본다.

손에 든 것이 소중할수록 가끔은 허리를 숙이고 땀을 흘릴 줄 알아야 한다. 그래야 고상한 척하다가 민망함을 자초하는 일을 막고, 자신의 가치를 스스로 올릴 수 있다.

눈에 보이는 트로피보다 값진 것은 먼지 묻은 걸레를 기꺼이 잡는 당신의 손이다. 그래서 칭찬이 당신의 머리를 세워줄수록 겸손으로 바닥을 쓰는 게 현명한 것이다.

당신이 빛나지 못하는
이유

'선하다'는 평가는 악에 맞서 행동한 사람에게 뒤따르는 존경의 표시고, '특별하다'는 칭송은 평범함을 뛰어넘은 사람이 누릴 동경의 시선이며, '위대하다'라는 찬사는 두려움을 밟고 용기 있게 선도한 사람이 취할 영예다. 선함은 불의한 위력 앞에서도 거침없는 당당함에서, 특별함은 상식선을 넘어서는 과감한 일탈에서, 위대함은 미지를 개척하는 담대한 첫걸음에서 잉태된다.

**'착한 무리 속의 선함은 공기처럼 흔하고,
군중 속의 갈등은 바람처럼 자연스럽다.'**

진정으로 선하고 싶다면 불의한 다수 앞에서도 바른말 할 줄 아는 당당함이 필요하고, 돋보이고 싶다면 모두가 검은 옷을 입을 때 홀로 흰옷을 입을 배짱이 있어야 한다. 찬란한 별이 되고 싶다면 모두가 두려워하는 어둠 속에서 가장 먼저 스위치를 켤 결심부터 해야 한다.

선함, 특별함, 위대함은 서로 다른 가치처럼 보이지만, 그 뿌리는 같다. 이 가치들은 모두 두려움을 뚫고 나아간 것에 대한 사회적 인정이다. 선한 사람은 어떤 상황에서도 양심을 사수한 단단한 위인이며, 특별한 사람은 다수의 상식에 휘둘리지 않고 평범함의 경계를 허문 선구자이다. 그리고 위대한 사람은 불확실한 미지의 영역을 선도적으로 개척한 개척자이다.

이런 이치는 단순하다. 하얀 캔버스 위의 하얀 점은 잘 안 보이지만, 검은 점은 시선을 사로잡는다. 밝은 곳의 촛불은 미미해도 어둠 속의 촛불은 찬란하다. 즉, 평범함이 지배하는 공간에서 일탈로 대비를 이룰 때 비로소 존재감은 부각된다.

진정한 성장은 불편한 자리를 과감히 선택할 때 시작된다. 남들이 꺼리는 영역에 발을 들이고, 손해를 감수하며 올곧게 행동하는 순간 평범함은 비범함으로 전환된다. 빛이 어둠 속에서 가장 빛나듯, 찬란한 인생을 원한다면 두려움을 마주하고 그것을 밀어낼 각오부터 다져야 한다.

피할 수 없는 것을
다루는 법

급커브처럼 다가오는 시련은 인생을 멈춰 세우는 급제동이 아니라, 성장 훈련으로 받아들여야 한다. 난데없는 혼란 역시 피할 대상이 아니라, 앞으로 나아가게 하는 힘으로 삼아야 한다. 또한 그림자처럼 달라붙은 가난은 어찌할 수 없는 족쇄가 아니라, 더 나은 현실로 올라갈 발판으로 활용해야 한다.

**'인생 경기장에서는
피하는 기술보다 넘는 기술이 필요하다.'**

시련은 고속도로에서 갑자기 나타난 트럭처럼 피할 수 없다. 하지만 미리 안전거리를 확보한다면 충격을 줄일 수 있다. 또한 가난이 스토커처럼 괴롭힐지라도 노력이라는 무기와 버티기라는 방패를 이용하면 이를 성장의 계단으로 만들 기회가 생긴다.

역경을 성장의 자원으로 활용하는 자세는 결코 추상적인 철학이 아니다. 예컨대 가족 병원비로 재정난이 왔을 때 비상금으로 버티며 소비 습관을 고치거나, 갑작스러운 조직 개편 소식에 회사 팀원들이 동요할 때 이를 기회 삼아 새로운 역할에 도전해볼 수 있다. 학생의 경우 아르바이트로 부족한 용돈을 충당해야 하는 고단함 또한 이를 통해 시간관리 능력과 경제적 독립심은 물론이고 사회생활을 하는 데 필요한 처세술까지 키울 수 있다.

인생에서 피할 수 없는 시련을 마주했다면, 회피하기보다 온몸으로 받아내어 넘어서야 한다. 지금 당장 우리에게 필요한 것은 시련을 지렛대 삼아 더 나은 나로 점프하고 말겠다는 능동적인 자세다.

불을 켜지 않고도
집 안을 걷다

밤이 깊어지면 우리는 눈을 감고도 자기 방을 걸을 수 있다는 사실을 잊곤 한다. 하지만 이 책을 덮는 지금, 당신은 이미 그 능력을 조금은 되찾았을 것이다. 1장에서 내 안의 그림자에게 불안한 인사를 건넸고, 2장에서 관계의 보이지 않는 간격을 느끼며 새로운 맥박을 확인했으니까. 3장에서는 내려두었던 심리 커튼을 살짝 열었고, 4장에서는 익숙한 풍경 속 낯선 반짝임을 발견했으며, 마지막 5장에서는 오래 묵힌 기억을 다시 불러냈으니 말이다.

그렇게 페이지마다 켜둔 작은 등불이 모여 완전히 밝지는 않아도 길을 볼 수 있게 되었다. 이제 어둠이 두렵지 않은 이유는 당신이 이미 그 길을 기억하는 사람이 되었기 때문이다.

앞으로도 삶의 그림자는 당신을 따라다니며 훼방할 것이다. 또한 관계의 실은 다시 엉키고 세파에 흩날리는 인생 장막이 시야를 제법 가릴 것이다. 그러나 이번에는 몸이 아니라 마음이 먼저 반응하여 장애물에 부딪히기 전에 멈춰 서서 이렇게 말할 것이다.

"여긴 이미 읽어서 이젠 알아. 이게 어떤 상황인지."

시간이 흘러 이 책을 다시 펼칠 때, 같은 글이 전혀 다르게 다가올 것이다. 그 이유는 그때의 당신과 지금의 당신이 다르기 때문이다. 그러니 언제든 다시 돌아오라. 이 책은 오래된 사진첩처럼 펼칠 때마다 다른 빛과 각도로 당신을 비출 것이다.

이제 불을 끄고 집 안을 걸어도 좋다. 당신은 보이지 않는 것을 껴안을 준비를 했고, 마침내 껴안고 웃을 용기까지 가졌을 테니까. 지금 이 책이 당신의 등불이 되었다면, 모퉁이를 지났을 때 나타나는 어둠에서는 당신 자체가 당신의 등불이 되길 소망한다. 그리고 언젠가 누군가의 길을 밝혀주길 기원한다.

안 보이는 것을
껴안을 용기

초판 1쇄 인쇄 2026년 2월 2일
초판 1쇄 발행 2026년 2월 20일

지은이 | 나혼마
펴낸이 | 전영화
펴낸곳 | 다연
주　소 | 경기도 고양시 덕양구 서오릉로 640 수아주위드펫 1008호
전　화 | 070-8700-8767
팩　스 | 031-814-8769
이메일 | dayeonbook@naver.com
편　집 | 미토스
표지디자인 | 강희연
본문디자인 | 디자인 [연;우]

ⓒ 나혼마

ISBN 979-11-90456-74-6 (03320)